KB005442

뉴 룰스

BOOK
JOURNALISM

뉴 룰스

발행일 ; 제1판 제1쇄 2021년 6월 14일
참여 ; 강민이 · 박희연 · 엄윤미 · 이보영 · 정지선 · 김미진 · 김미희
박리안 · 정수현 · 최소현 · 강윤정 · 원혜성 · 최유나 · 최현진 · 김인숙
박예리 · 신지혜 · 이신혜 · 이해민 · 이나리 · 홍진아 · FDSC
발행인 · 편집인 ; 이연대 편집 ; 소희준 제작 ; 강민기
디자인 ; 유덕규 지원 ; 유지혜 고문 ; 손현우
펴낸곳 ; ㈜스리체어스 _ 서울시 중구 삼일대로 343 9층
전화 ; 02 396 6266 팩스 ; 070 8627 6266
이메일 ; hello@bookjournalism.com
홈페이지 ; www.bookjournalism.com
출판등록 ; 2014년 6월 25일 제300 2014 81호
ISBN ; 979 11 91652 05 5 03300

BOOK
JOURNALISM

뉴 룰스

북저널리즘

: 이제 막 커리어의 궤도에 오른 여성들에게는 앞으로 삶에서 어떤 선택을 하든 한계 없이 성장할 수 있다는 확신이 필요하다. 먼저 시도하고, 길을 만들어 본 여성들의 이야기가 많아져야 하는 이유다. 이 책에 실린 여성 리더들은 하나의 정답을 제시하지 않는다. 대신 기존 규칙에 질문을 던지고, 원하는 것을 요구하고, 스스로의 한계를 규정짓지 않는 법을 말한다.

차례

1

커리어를 시작할 때
알았다면 좋았을 것들

사회에 진출하는 여성들의 가장 큰 과제는 커리어의 지속과 성장이다. 취업의 기회는 늘고 있지만, 경력을 쌓고 리더로 성장하는 일은 여전히 어렵다. 통계청에 따르면 2020년 기준 25~29세 여성의 고용률은 75.8퍼센트다. 73.9퍼센트인 같은 연령대 남성보다 높은 수치다. 그러나 30~34세, 35~39세가 되면 여성의 고용률은 68.6퍼센트, 59.9퍼센트로 추락한다. 같은 연령대 남성의 고용률이 각각 88.8퍼센트, 92.4퍼센트로 상승하는 것과는 정반대의 패턴이다.

'여성 상위 시대'라는 말은 자주 들리지만, 실제로 고위직을 맡고 있는 여성을 만나기는 어렵다. 여성이 많이 진출하는 직종에서도 리더는 남성인 경우가 많다. 2020년 기준 여성 교장의 비율은 41.2퍼센트다. 여성 교원의 비율 71.8퍼센트에 비하면 낮은 수치다. 상급 학교인 고등학교의 여성 교장 비율은 12.2퍼센트에 그치고 있다. 같은 해 여성 공무원 비율은 50.4퍼센트였지만 5급 이상의 여성 공무원 비율은 27.7퍼센트에 불과했다. 일을 시작하는 여성이 롤모델을 찾기 어려운 이유다.

다양한 분야에서 새로운 룰을 만들어 가고 있는 여성 롤모델 5인을 만났다. 전 모리빌딩도시기획 서울지사장을 거친 민트도시기획의 강민이 대표이사, 예능 프로그램의 트렌드를 이끄는 tvN의 박희연 PD, 벤처 기부 펀드 씨프로그램의 엄윤미 대표, 글로벌 패션, 뷰티 브랜드와 국내 대기업에서 브랜드 기획을 총괄한 이보영 애슬레타 크리에이티브 총괄, JTBC 〈냉장고를 부탁해〉의 유일한 여성 출연자였던 정지선 셰프에게 일의 의미를 찾고, 성장의 동력을 만들고, 지속하는 힘을 기르는 방법에 대해 들었다.

강민이 민트도시기획 대표

2003년 포스코건설에 입사해 2년 만에 최연소이자 최초의 여성 분양소장으로 임명됐다. 2010년부터 일본의 모리빌딩도시기획에서 근무했고, 2016년 국회 정책보좌관, 2018년 모리빌딩도시기획 서울지사장을 거쳤다. 현재 민트도시기획 대표이사로 일하고 있다.

박희연 PD

14년 차 예능 PD다. 2014년 tvN 〈삼시세끼〉 정선편을 공동 연출하며 입봉했고, 2016년 〈아버지와 나〉를 단독 연출했다. 2017년 〈집밥 백선생〉, 2018년 〈스트리트 푸드 파이터〉로 음식 예능의 새로운 가능성을 보여 줬다. 2019년 〈커피프렌즈〉에 이어 〈스트리트 푸드 파이터〉 시즌 2를 연출했다.

엄윤미 씨프로그램 대표

맥킨지 앤 컴퍼니에서 일했고, 헤드헌팅 회사 이곤젠더Egon

Zehnder 서울 사무소의 부사장을 역임했다. '다음 세대의 건강한 성장'을 미션으로 하는 벤처 기부 펀드 씨프로그램C Program 대표이자, 재단법인 카카오임팩트와 사단법인 루트임팩트의 이사를 맡고 있다.

이보영 애슬레타 크리에이티브 총괄

1995년부터 미국 뉴욕에서 띠어리, 슈에무라, 키엘, 조르지오 아르마니 뷰티의 크리에이티브 팀을 만들고 디렉터를 맡았다. 신세계백화점과 신세계그룹 브랜드 전략 총괄 상무로 일하며 웨스틴조선호텔, SSG푸드마켓, 신세계백화점, 이마트 관련 프로젝트를 이끌었다. 화장품 유통 기업 세포라에서 크리에이티브 총괄 디렉터로 일했다. 구글 하드웨어 리테일 크리에이티브 디렉터를 거쳤고, 현재 애슬레타에서 크리에이티브 총괄Chief Creative Officer로 일하고 있다.

정지선 셰프

중국 유학 후, 동네 중국집부터 특급 호텔까지 수많은 주방에서 경력을 쌓았다. 2013년 세계적인 식품 기업 네슬레Nestlé에 한국 최초 R&D 셰프로 입사했고, JTBC 〈냉장고를 부탁해〉, SBS 〈강호대결 중화대반점〉 등 예능 프로그램에 메인 셰프로 출연했다. 현재 레스토랑 '티엔미미' 총괄 쉐프와 한국호텔관

광전문학교 특임 교수를 겸하고 있다.

일을 잘한다는 것 ; 스스로 기준을 세워라

정지선 일을 잘한다는 건 일에 대한 만족감에서 나온다고 생각한다. 전분을 풀고, 면을 헹궈 그릇에 담는 사소한 행동 하나에도 스스로 만족의 기준을 세우고 정성을 기울이는 사람이 일을 잘하게 된다. 그래서 사회 초년생 때는 노력하는 것이 곧 일을 잘하는 것이다. 뷔페 아르바이트를 했던 10대 시절부터 돈 받은 만큼 일해야 한다는 생각이 강했던 덕분에 일 잘한다는 소리를 들었다. 비결은 자기 만족감에서 비롯되는 빠릿빠릿함과 센스였던 것 같다.

　(센스가 있다는 건 어떤 의미인가?) 주방에서는 전체적인 상황과 동선을 계산하면서 다음 스텝을 염두에 두고 일하는 센스가 필요하다. 주방에 들어온 지 얼마 안 된 초년병들에게 "이 일을 왜 하느냐"고 자주 묻는 편이다. 고기에 밑간을 하는 작업이 왜 필요한지, 칼질을 왜 이렇게 해야 하는지 생각하면서 일하는 사람이 센스를 발휘한다. 관리자 입장에서는 그런 사람에게 작은 것 하나라도 더 가르쳐 주게 된다.

이보영 개인이 일을 잘하는 것과 조직 차원에서 일이 잘되는 것은 다르다. 잘되는 조직은 일을 잘할 수 있는 사람과 환경이

합쳐져야 한다. 일을 잘되게 하는 사람은 협업할 줄 알고, 사람을 파악하는 매니지먼트 능력과 리더십을 가지고 있다. 자신의 강점과 약점을 파악하고 다른 사람과 맞춰 갈 수 있어야 한다. 나의 강점과 타인의 강점이 맞물려 최대한 발휘될 수 있도록 환경을 만드는 것이다.

엄윤미 일의 목적과 맥락을 이해하고 적용하는 것이다. 일을 시작하는 날과 마무리하는 날은 상황과 조건이 다르다. 빠르게 변하는 상황 속에서 스스로 판단하려면 일의 목적을 분명하게 이해해야 한다. 맥락을 안다는 것은 목표 달성을 위해 여러 사람이 협업하고 있는 가운데에서 나의 역할이 무엇인지, 함께 일하는 이해관계자와 의사 결정자가 각기 어떤 고려를 하고 있는지 파악하는 일이다. 협업하려면 입체적인 맥락을 고려해야 한다. 정해진 기간 내에 일을 매듭짓고 완결하는 것도 빼놓을 수 없다. 결국 일은 정해진 시점에 결과물을 만들어 필요한 사람에게 전달하기 위해서 하는 것이다.

박희연 일을 하는 이유를 기준으로 소통하는 것이 중요하다. 기술 파트와 상의해서 어떤 문제를 해결해 보라고 하면 '전례가 없어서 힘들다'는 상대의 답변을 그대로 전달하는 친구들이 있다. 그런 말을 들었을 때 해야 하는 질문은 "저희가 풀고 싶은 문제는 이건데, 시도할 수 있는 다른 방법은 없나요?" 같은 것이다. 다른 파트와 협업할 때는 서로의 분야를 잘 몰라서 생기는 오해가 많다. 프로그램을 만드는 데 이 부분이 왜 중요한지 설명할 수 있어야 한다. 그러면 "문제가 그거라면 다른 방식으로 해결할 수 있다"는 피드백이 오기도 한다. 대화를 통해서 서로의 역할을 이해하고, 더 좋은 방안을 찾아야 한다.

강민이 열심히, 바쁘게 일한다고 일을 잘하는 게 아니다. 사람마다 일하는 스타일이 다르지만, 나의 경우 효율적으로 일하는 데 중점을 둔다. 시간은 언제나 한정되어 있으니까. 일의 방향을 바르게 잡고 가능성을 정확하게 가늠하는 것, 효율적으로 움직여서 정해진 기간 내에 일을 완결하는 것이 중요하다. 하나의 일을 시작하면 매듭을 지어야 한다. 지금 하는 일을 왜 하는지 생각하고, 실행력을 발휘해서 결과물을 만들어라. 중요도를 잘 따지며 일하고, 성과까지 내면 가장 이상적이다.

좋은 조직을 찾는 기준 ; 성장하는 조직의 파도를 타라
엄윤미 성장하고 있거나, 빠르게 성장할 가능성이 있는 조직만이 주는 장점이 있다. 헤드헌팅 회사 이곤젠더에서 일할 때 20~30년의 경험을 가진 리더들로부터 커리어에서 중요했던 선택과 기회에 대해 들었다. 그때 얻은 깨달음은 개인의 역량

만큼 '어떤 파도를 타고 있는가'가 중요하다는 점이다. 개인이 얼마나 중요한 기회를 얻고 멀리 나갈 수 있는지가 속해 있는 산업과 시장, 조직에 따라 달라지는 경우가 많았다.

성장하고 있는 시장과 산업, 조직에 더 많은 기회가 있다. 아직 경험이 많지 않은 사람도 중요한 역할을 해볼 수 있기 때문이다. 하지만 그런 조직일수록 규모가 크거나 유명한 회사와는 거리가 멀고, 갖춰지지 않은 것들이 많을 수 있다. 만약 내가 성숙한 업계에서 차근차근 실력을 쌓아야 하는 일을 하고 싶다면, 그런 조직 안에서 잘 정리된 체계를 배우며 성장하는 것도 방법이다. 중요한 건 어디에서 무엇을 배우고 싶은지, 어떻게 성장하고 싶은지를 생각해 보는 일이다. 그렇게 하면 지금 하고 있는 일에 실망하거나, 조급해하지 않을 수 있다.

이보영 커리어는 조직이나 상사에 관한 것이 아니다. 자신의 초심을 돌아봐야 한다. 여성이자 아시안, 싱글 맘, 외국인으로 미국에서 일하다 보니 혼자 비즈니스를 할 수 있는 환경이 아니었다. 비자를 받기 위해서라도 회사에 소속돼야 했다. 회사에 속해 있어도 내 커리어의 핵심이 무엇인지 명확히 알았다. 나는 디자인과 브랜딩, 크리에이티브 리더로서 후배를 키우고 팀의 프로세스를 만드는 일을 잘하는 사람이었다. 이 일을 구글에서 하든 세포라에서 하든 상관이 없어야 한다는 생각이다. 구글 직원이나 세포라 직원 같은 수식어는 회사가 나를 해고하면 사라진다. 반면 '디자인과 브랜딩을 잘하고, 크리에이티브 팀을 만들 수 있는' 능력은 누구도 내게서 뺏을 수 없다.

강민이 내가 가고 싶은 조직이 앞으로 성장할 곳인지, 나아가 조직의 성장에 내가 기여할 여지가 많은지를 확인해야 한다. 좋은 리더는 개인과 조직의 성장을 위한 동기를 부여해 줄 수 있는 리더, 공정하게 평가하고 보상하는 리더라고 생각한다. 일본에서 일할 당시 만난 상사가 기억에 남는다. 내 잠재력을 알아봐 주고 이끌어 주는 사람이었다.

박희연 좋은 리더는 후배가 어떤 식으로 일하는지에 관심이 많아야 한다. 제작 능력이 뛰어나도 대인 관계가 좋지 않은 사람과 일하면 지치기 쉽다. 동기 부여를 위해서는 각자에게 맞는 역할과 책임을 잘 분배하는 것이 중요하다. 그러면 결과가 어떻든 각자가 느끼는 바가 생긴다.

정지선 배움의 기회가 많은 곳, 그런 사람 밑에서 일해야 한다. 지금까지 열 군데의 식당을 거쳤는데, 커리어에 가장 보탬이 된 곳은 한 유명 호텔이었다. 이 호텔은 일반 업장과는 사용하는 식재료의 종류와 단가 자체가 달랐다. 쉴 틈 없이 책을 보고, 조리법을 그대로 재현하던 사부님도 기억에 남는다. 이미 대가의 자리에 올랐는데도 공부를 멈추지 않는 것이 신기했다. 요즘은 나도 자기 전에 30분은 꼭 책방에서 요리책을 본다. 고古조리서부터 신간까지 가리지 않고, 바이두百度 같은 중국 포털 사이트에서 조리법을 검색하기도 한다. 몰랐던 정보나 재미있는 레시피는 반드시 단톡방에 올려 직원들과 공유한다. 성장하고 싶은 사람에게 도움을 주고, 자기 자신도 끊임없이 배우려는 사람이 좋은 리더라고 생각한다.

성과를 인정받는 커뮤니케이션 ; 내가 원하는 것을 확실히 말하라

박희연 예산, 편성 등의 문제로 협의할 때가 있다. 이상적인 안과 현실적인 안을 모두 만든다. 가장 좋은 안을 들고 협상에 나서되, 최소한 현실적인 안은 받아 내야 한다. 지금 당장은 안 될 걸 알지만 시도가 중요할 때도 있다. 이번에 내가 원하는 것을 확실히 인식하게 만들면 다음에 비슷한 논의를 할 때 유리해진다.

내가 뭘 필요로 하는지 충분히 이해할 수 있게 설명해야, 비슷한 논의를 할 때 보다 쉽게 일을 진행할 수 있다. 상황에 맞는 전략을 잘 세우기 위한 기본이 리서치다. 편성 시간을 두고 협의해야 한다면 우리가 원하는 시간대에 어떤 프로그램이 있는지, 조정할 수 있는 여지는 없는지, 이 시간대에 인기 있는 콘텐츠는 무엇인지 등 담당자가 고려할 만한 데이터를 가능한 한 많이 수집하는 것이다.

강민이 남성은 자신의 역량을 과대평가하고, 여성은 과소평가하는 경향이 있는 것 같다. 여성도 기회가 있을 때 자신의 능력을 충분히 어필할 필요가 있다. 자신의 업무나 성과를 평소에 자주 공유하면 조직에서 그 사람을 이해하는 데 큰 도움이 된다. 상사와 차를 마실 때나 함께 이동할 때, 평소 하던 생각을 전하는 것도 좋다.

이보영 여성에게만 해당되는 이야기는 아닐 수도 있겠다. 중요한 것은 나의 가치관에 맞는 프로젝트가 있으면 자신 있게 그 일을 하고 싶다고 이야기해야 한다는 점이다. 맡고 싶은 프로젝트가 있는데 쭈뼛거리고 있으면 기회는 사라진다. 작은 목소리라도 "하고 싶다"고 말하면 그게 첫 스텝이 된다.

자기 능력을 100퍼센트 발휘할 수 있는 프로젝트에 참여하는 것이 가장 중요하다. 능력을 다 발휘할 수 없는 프로젝트 안에 있다면, 바꿔 달라고 요구해야 한다. 실제로 능력을 발휘하고, 그것을 온화한 방식으로 사람들에게 알려야 한다.

나는 한국보다 미국에서 더 많이 일했다. 미국 회사에

서는 프로젝트에 얼마만큼 공헌했는지 합리적으로 평가했다. 그래도 내가 정당한 대우를 받지 못했다고 생각한다면 "저 월급이 모자랍니다", "정말 열심히 일했고, 제 성과는 10점 만점에 10점이라고 생각해요"라고 말할 수 있어야 한다.

엄윤미 더 단호해도 된다. 이전 직장에서는 해마다 두 번씩 성장에 대한 피드백을 받았다. 1년 차 때부터 가장 많이 들은 말이 "스피크 업Speak Up"이었다. 내 의견을 더 적극적으로 말하라는 거다. 나는 착한 여자아이가 되어야 한다는 교육을 받고 자란 세대다. 여자아이가 잘난 척한다는 평가를 듣지 않으려고 돌려서 말하고, 덜 나서는 기술을 익혔다. 리더가 되려면 적극적으로, 단호하게 말해야 한다는 것을 사회인이 되어서야 배웠다. 회의를 시작할 때마다 '나는 좋은 사람이라는 인정을 받기 위해서가 아니라, 일을 되게 하려고 여기에 왔다'는 말을 떠올린다.

정지선 중식 주방의 핵심부는 재료를 손질하는 '칼 판', 웍wok을 돌리는 '불 판'이다. 그 다음에 '면 판', '디저트 판'이 이어진다. 주방 막내 시절에는 칼 판, 불 판은 꿈도 못 꾸고 '디저트 판'을 맡았다. 나보다 늦게 들어 온 남자 스태프가 힘이 더 세다는 이유로 먼저 면 판에 올라가고는 했다. 같은 일을 몇

번 겪고 나니 '다음은 내 차례가 될지 모르니까 기다려야지'라는 생각이 들지 않았다. 지금 바로 웍을 돌리고 칼질할 수 있는 곳으로 가기로 마음먹었다. 이미 편견이 있는 조직과 부딪쳐 그들의 인식을 바꿀 수도 있겠지만, 불가능하다고 생각하는 일에 시간을 낭비하고 싶지 않았다. 나를 봐달라고 남을 설득할 시간에 스스로 빛나는 길을 택해서 걷는 것이 훨씬 효율적이지 않을까?

성장을 확인하는 방법 ; 반복하면 잘하고, 잘하면 재미있다

강민이 자신감에 일하는 재미까지 더해질 때 성장했다고 느낀다. 처음 하는 일은 누구에게나 무섭고 어렵다. 하지만 배우는 것은 분명히 있다. 여기서 재미를 느끼면 몰입할 수 있다. 물론 어떤 일이든 매일 하면 재미가 없다. 꾸준히 일하는 지구력을 키우려면 내가 일을 계속해야 하는 이유를 끊임없이 물어야 한다. 배움이 주는 재미를 느끼면서 계속하다 보면 성장해 있는 자신을 확인할 수 있다.

포스코건설에서 최연소 분양소장을 맡았을 때다. 나이도 어렸고, 책임자 역할이 버거웠다. 하지만 큰 미션을 일찌감치 달성하고 나니 다른 일이 무섭지 않은 효과도 있더라. 어려운 일을 맡더라도 포기하지 않고 어떻게든 지속하는 것이 중요하다. 반복하면 잘하게 되고, 잘하면 재미가 생긴다.

박희연 후배들에게 프로그램 시작 전에 꼭 이루고 싶은 목표를 세우라고 한다. 진심으로 믿고 의지할 수 있는 선배가 되는 것일 수도, 잘 맞는 작가를 찾는 것일 수도 있다. 편집 시사 때마다 최소 한 번은 사람들이 박장대소하게 만들겠다는 것일 수도 있다. 자기가 세운 목표를 달성했는지를 자신만의 성장 기준으로 삼는 것이다.

정지선 성장을 확인하는 일은 꽤 오랜 시간이 지난 후에나 가능하다. 나를 알아봐 주는 사람들, 식당을 찾는 손님들 덕분에 지금에서야 성장했음을 느낀다. 그전까지는 이루고 싶은 목표를 명확히 하면서, 나를 증명할 방법을 찾아 분투하는 수밖에 없다. 대학 강의에서 만나는 젊은 친구들에게 요리 대회 출전의 중요성을 거듭 강조한다. 수상을 하지 않더라도 작은 접시 하나를 꾸미기 위해 노력하는 과정에서 엄청나게 많은 것들을 공부하게 된다. 독보적인 커리어를 쌓고 싶다면 능력을 객관적으로 증명할 수 있는 수단을 최대한 많이 만들고, 절박하게 기회를 잡아야 한다. 쳇바퀴 같은 일상을 반복하면서 노력하고 있다고 착각하면 안 된다. 긴 호흡을 유지하며 최고치의 노력을 지속해야 한다.

이보영 실수는 할 수 있다. 대신 같은 실수를 반복하지 않기 위해 뼈아프게 노력해야 성장한다. 사람을 잘못 고용했든, 프로젝트가 망했든 나의 실수를 인정한다. 그다음 잘못된 이유를 찾고, 같은 실수를 반복하지 않기 위해 공부하고 준비하는 과정에서 배우는 것이다. 그러면 적어도 다음번에는 같은 실수를 하지 않을 수 있다. 그게 성장하는 방법인 것 같다.

엄윤미 일을 하는 시기와 환경에 따라 다른 목표를 세웠다. 막 커리어를 시작했을 때는 할 수 있는 일을 늘리는 것이 목표였다. 문서 작성하는 법, 이메일 쓰는 법, 프레젠테이션을 하는 법 등이 모두 배워야 할 일이었다. 그때는 팀이 잘되는 것이 중요했다. 독립적으로 할 수 있는 일이 많지 않았고, 성장의 목표도 분명하지 않은 시기였다. 팀 목표에 집중해서 뭐든지 도움이 되려고 노력했다. 돌아보면 이 경험이 내게 가장 큰 도움이 됐다. 이후 5년 동안은 회사의 체계와 동료들의 피드백을 가장 신뢰했다. 리더로 성장하기 위해 필요한 역량을 배웠고, 내가 승진하면 하게 될 일을 지금 맡고 있는 선배들을 보며 다양한 업무 스타일을 관찰했다.

지속하는 힘 ; 좋아하는 것, 잘하는 것의 폭을 좁혀 나가라
이보영 포기하지 않는 것이 중요하다. 누구에게나 좋아하는 일이 있고, 잘하는 일도 있다. 나는 요리를 잘하지만 좋아하지는 않는다. 글 쓰는 것을 좋아하지만 잘한다고 생각하지는 않는다. 다행히 디자인은 좋아하는데 잘하기도 하는 것 같다. 그러니까 생산성이 높고, 깊게 파고들 수 있다. 처음에 어떤 커리어를 시작했다고 해서 마지막이라고 생각할 필요가 없다. 사람은 나이가 들면서 관심사가 달라지고, 일하고 싶은 분야도 달라진다. 좋아하는 것, 잘하는 것을 찾으면서 폭을 점점 좁혀 나가야 한다. 그래야 하고 있는 일에 대한 자신감이 생기고, 자신감이 생산성을 높인다. 그러면 포기하지 않고 지속할 수 있다.

엄윤미 건강한 몸과 마음, 그리고 꾸준히 하는 근육이다. 30대 후반에 접어들면서부터 에너지라는 자원을 의식하게 됐다. 하고 싶은 일이 생겼을 때 시간과 에너지를 쏟을 수 있었던 것도 행운이더라. 건강한 몸과 마음을 유지하는 것이 원하는 일을 지속하게 만드는 가장 중요한 조건이라고 생각한다. 아무리 하고 싶은 일이라고 해도 저절로 꾸준하게 할 수 있는 것은 아니다. 매일의 일과에는 하기 싫고 재미없는 과제가 섞여 있을 수밖에 없다. 꾸준히 하는 능력은 근육처럼 발달하는 것이라서 어느 시점에는 노력해서 키워야 한다.

정지선 호텔에서 일할 때 결혼했다. 당시 기혼 여성 스태프 중

아이를 낳고 호텔 주방으로 복귀한 사람이 한 명도 없었다. 출산 후 다시는 주방으로 못 돌아올 수도 있겠다는 생각이 들었다. 스스로 살 길을 찾겠다고 마음먹고, 학원 강의, 자격증 수업, 창업반 수업을 맡으며 강사 커리어를 쌓았다. 임신 중에도 쉬지 않고 일하며 이직할 곳을 찾았다. 다행히 출산 후 두 달 만에 세계적인 식품 기업인 네슬레의 R&D 셰프로 취직했다. 그곳에서 4년의 경력을 쌓고, 지금의 자리를 얻었다. 커리어를 포기하지 않았기에 주방에 돌아올 수 있었다고 생각한다. 일이 정말 좋고, 포기하고 싶지 않다면 방법을 찾아 끈질기게 매달려야 한다.

박희연 좋아하는 마음이다. 프로그램을 잘 만들기 위해서는 다양한 종류의 좋아하는 마음이 필요하다. 프로그램에 대한 애정도 있어야 하지만, 출연자도 좋아해야 한다. 어떨 때는 출연자 이름 옆에 하트를 그려서 편집실에 붙여 두기도 한다. 좋아하는 마음이 있어야 잘할 수 있기 때문이다. 아끼는 후배가 진지하게 회사를 그만둬야 하는지 물어본 적이 있었다. "좋아하는 마음이 있으면 언젠가 즐거움을 더 크게 느낄 때가 온다. 이 시기를 기다릴 준비가 되어 있지 않다면 그만두라"고 이야기했다. 꼰대 같은 말일 수도 있지만 1년 차 때는 누구나 힘들다. 몸이 힘들어도 좋아하는 마음이 있으면 극복할 수 있다.

그만두겠다고 했던 후배들 모두 지금은 누구보다 훌륭하게 성장했다.

강민이 체력과 의지. 걷기와 헬스를 꾸준히 한다. 체력이 뒷받침되지 않으면 모든 일에 짜증이 나고, 두뇌 회전도 느려진다. 몸과 마음의 건강을 잘 챙겨야 한다.

성장의 동력 ; 인생은 길다, 여기가 끝은 아니다

이보영 한동안 지쳐 있던 시기가 있었다. 커리어의 변곡점에 도달했고, 내가 정말 하고 싶었던 것이 무엇인지 고민하고 초심으로 돌아가는 데에 3~4개월이 걸렸다. 속도를 내지 못하고 천천히 움직였는데, 생각해 보니 그 시간은 인생에서 아주 작은 부분이더라. 6개월 동안 힘들었다고 해도, 100살까지 산다면 전체 인생에서는 200분의 1이다. 1년이 힘들었다고 해도 100분의 1이다. 인생에서 지날 수 있는 과정 중의 하나일 뿐이고, 여기서 끝나지 않는다는 걸 알았으면 한다. 인생을 넓은 시야로 보면 시간이 조금 걸리더라도 초심으로 돌아갈 수 있다.

강민이 일희일비하지 않는 성격이다. 아주 큰 희열을 느끼지도 않지만, 아주 크게 좌절하지도 않는다. 그저 꾸준히 하는 스타일이다. 그래도 힘든 순간은 있다. 그럴 때는 관심사가 비슷한 사람을 찾아가서 대화를 나눈다. 예전에는 회사 동기나 선후배 등으로 관계가 한정적이었지만, 요즘은 소셜 미디어에서 관심사가 비슷한 사람을 쉽게 만날 수 있지 않나. 늘 만나던 사람만 만나면 힘을 얻기 어려운데, 관심사가 통하는 다른 분야 사람들을 만나면 에너지를 얻는다. 가끔은 나와 같은 고민을 하는 사람이 또 있다는 걸 알기만 해도 위안이 된다.

정지선 요리사도 슬럼프에 빠진다. 음식 맛이 제대로 안 나고, 재료를 봐도 더 이상 아이디어가 떠오르지 않는다. 그러면 모든 것을 멈추고 책을 보거나 요리 그림을 본다. 아무것도 하지 않는다는 것은 정말 힘든 일이지만, 지쳤을 때는 일부러 영감을 주는 시간을 갖는다. 그러다 보면 회복이 되고, 그때부터 일을 다시 시작한다. 나를 롤모델로 삼고 요리하는 친구들이 있고, 내 존재를 이슈화하며 도움을 주는 사람들이 있는데 여기서 멈추면 안 된다는 생각을 자주 한다. 정지선 셰프 밑에서 더 많은 배움과 기회를 얻었다는 이야기를 듣고 싶다. 그 책임감과 부담감이 일을 계속하게 만드는 원동력이다.

엄윤미 동료들 덕분에 멈추지 않을 수 있다. 지금 같이 일하는 사람들은 대부분 30대를 앞두고 있거나, 30대를 지나고 있다. 일하는 여성에게 30대가 얼마나 중요한지, 얼마나 많은 기회가 열려 있는 시기인지 알고 있다. 그 많은 기회들을 뒤로 하고 씨프로그램을 선택한 사람들이니까, 이 조직에서 성장할 수 있어야 한다는 책임감을 느낀다. 건강한 에너지를 유지하기 위해서도, 꾸준한 동력을 얻기 위해서도 좋은 동료가 필요하다. 그들과의 대화에서 위로받고 자극도 얻는다.

박희연 나는 좀 무딘 편이라 쉽게 성장했다고 느꼈다. (웃음) 토크쇼를 하면 토크쇼가 재미있었고, 리얼리티쇼를 하면 그 나름의 즐거움이 있었다. 하나도 모르는 상태에서 일했기 때문에 쇼 프로그램에서 조연출을 했을 때는 '메인 PD가 되면 무대를 어떻게 꾸며야 하는지에 대해 커뮤니케이션을 잘할 수 있겠다'는 생각만으로 만족할 수 있었다. 음악을 넣는 일을 할 때는 편집이랑 음악이 찰떡같이 맞아서, 자막을 쓰는 일을 할 때는 '이 자막 진짜 웃기다'는 시청자 말 한마디에 성취감을 느꼈다.

일을 시작하는 여성들에게

엄윤미 20대 중후반에 가장 고민이 많았다. 뭐든지 하라면 할 수 있을 것 같은데 손에 잡히는 선택지는 많지 않고, 무엇을 하고 싶은지도 정확히 몰랐다. 그런데도 잘못된 선택은 하면 안 될 것 같아서 갈팡질팡했다. 다양한 길을 알아보고, 고민하는 것도 20대에 가능한 일이다. 하지만 다음 단계로 나아가는 데 도움이 됐던 것은 실제로 '했던' 일들이다. 회사에서 열심히 일했던 것, 공부를 해보고 싶어서 일단 시험을 치고 지원서를 냈던 것, 관심 분야의 책을 읽었던 것, 프로보노(공익을 위한 자원 활동) 프로젝트에 지원하겠다고 손을 들었던 것이다. 작게라도 시작해 보라고 말하고 싶다. 최소한 해보고 싶다고 생각한 일을 제대로 알아볼 기회는 된다.

정지선 육아와 업무가 겹쳤을 때 가장 힘들었다. 아이가 아픈데 출장이 잡혔을 때, 밤새 응급실에서 간호하다 식당으로 출근했을 때, 일을 제대로 해낼 수 있을 리가 만무하다. 둘 중 어느 쪽도 포기할 수 없었다. 힘든 것을 즐기자고 스스로 최면을 걸었다. 나와 같은 고민을 하다가 결국 일을 포기하는 동료를 보면 마음이 아프다. 커리어를 잘 쌓겠다고 박사 과정까지 밟은 지인이 출산 후 일을 그만두는 것을 보고 충격을 받았다.

같은 고민을 하는 사람을 만나면 지금 뭐하고 있냐고, 빨리 다시 나가서 일하라고 닦달할 것이다. 내게는 그런 말을 해주는 사람이 없었다. 포기하지 말고 할 수 있는 모든 것을 해보길 바란다. 아이가 6살이 된 지금도 가장 힘든 직업은 엄마다. 하지만 그 시간을 이겨 내면 뭐든지 잘할 수 있다는 자신감이 생긴다.

박희연 주니어 시절의 고민은 개인 생활은 거의 없이 일에만 시간을 쓰고 있다는 점이었다. 에너지는 고갈되고, 대인 관계도 좁아졌다. 그럼에도 좋아하는 일이라서 극복할 수 있었다. 좋아하는 일을 시작했다면 어느 정도 성과를 얻을 때까지는 계속해야 한다고 생각한다. 우선순위가 무엇인지는 고민할 필요가 있다. 가정이 중요한 사람도 있고, 더 많은 연봉이 필요한 사람도 있다. 그들에게는 이 부분을 보장받을 수 있는 회사에 가는 게 행복할 것이다.

나는 이 회사에 좋은 선배가 있고, 끌어 주고 싶은 후배가 있다. 첫 프로그램 시청률이 저조해서 평가가 안 좋았다. 그랬더니 후배를 이끌 수 있는 힘이 없어지더라. 다음 프로그램을 잘 만들어서 후배들을 챙길 수 있는 힘을 키워야겠다고 생각했다. 일에서 성과를 내는 것만큼 좋은 관계를 쌓는 것이 내게는 중요한 문제다. 결국 자신이 어떤 사람인지가 중요하다.

강민이 국회에서 일했을 때 두 아이가 각각 3살, 5살이었다. 국회 업무에는 정해진 규칙이 없다. 갑자기 사건이 터질 수도 있고 생활 패턴도 불규칙하다. 당시 탄핵 정국 등으로 사건이 많던 시절이라 거의 집에 못 들어갔다. 아이에게 시간을 쏟을 수 없어서 힘들었다. 내게 더 중요한 가치가 무엇인지 파악하려고 했다. 당시 내린 결론은 내게는 예측할 수 없는 업무가

맞지 않고, 내 일정과 업무량을 스스로 조절하는 것이 중요하다는 점이었다. 그래서 국회를 나와 이 기준에 부합하는 일자리를 찾았다. 자신에게 중요한 가치를 생각해 보고, 조건에 맞는 일을 이어 나갈 수 있도록 커리어를 구상해야 한다.

이보영 고민은 나이가 들수록 커진다. 20대의 고민, 30대의 고민, 40대의 고민이 달랐다. 50대를 바라보는 지금의 고민도 다르다. 20대 때는 내가 하고 싶은 일이 무엇인지를 고민하고 방황했다. 30대에는 선택의 폭이 줄었다. 대신 그 일을 잘 배우고 성장할 방법을 고민했다. 일을 잘하는 사람이 되자는 개인적인 비전에 집중했던 셈이다. 40대가 되니 개인이 아니라 조직 차원에서 좋은 환경을 만들고, 사람을 모아 일이 잘되게 하는 것이 중요하다는 것을 깨달았다. 지금은 내가 정말 하고 싶었던 것이 무엇인지, 지난 25년 동안 그걸 해왔는지 근본적인 질문을 던지고 있다. 고민은 필요하다. 고민하는 사람이 발전한다.

리더로 성장하는 힘

일하는 사람들의 목표 중 하나는 리더로 성장하는 것이다. 팀을 이끌고 비즈니스를 주도하는 리더가 된다는 것은 일을 통해 충분한 경험과 전문성을 쌓았다는 증표이기도 하다. 일을 하면서 만나는 리더의 모습이 일하는 사람들의 미래상으로 인식되는 이유다. 그러나 일하는 여성들이 여성 리더를 만날 기회는 여전히 적다. 2020년 기준 국내 200대 상장사의 여성 임원 비율은 4.5퍼센트에 불과했다. 그나마 2019년에 비해 1.8퍼센트 성장한 결과다.

다양한 영역에서 새로운 가치를 만들어 내고 있는 여성 리더들을 만났다. 경력 단절 여성의 재취업을 돕는 구인·구직 플랫폼 위커넥트의 김미진 대표, 온디맨드 모바일 러닝 플랫폼을 제공하는 에듀테크 기업 튜터링의 김미희 대표, 식문화와 라이프스타일을 결합한 브랜드를 만드는 타이크의 박리안 대표, 사회적 부동산 분야를 개척해 나가는 소셜 벤처 앤스페이스의 정수현 대표, 디자인 솔루션을 제공하는 크리에이티브 컨설팅 기업 퍼셉션의 최소현 대표에게 좋은 팀을 만드는 리더십과 효율적인 의사소통 전략, 성장 동력에 대해 물었다.

다섯 명의 리더들은 자신을 내려 놓고 부족함을 인정하라는 따뜻한 조언부터 명확하게 손익을 계산해야 신뢰를 얻을 수 있다는 명쾌한 솔루션까지 우리의 일과 삶에 적용할 수 있는 생생한 경험을 들려 주었다. 이들이 만들어 가고 있는 리더십의 형태는 다양하다. 리더로서의 자질은 타고나는 것이 아니라 노력과 실행으로 충분히 성장시킬 수 있는 것이다. 무엇보다 이들은 자기만의 방식으로, 나다운 리더로 성장하는 여성들이 많아진다면 세상은 더 나은 곳으로 발전할 수 있다고 믿고 있었다.

김미진 위커넥트 대표

위커넥트는 경력 단절 여성의 재취업을 돕는 구인·구직 플랫폼이다. 김미진 대표는 소셜 벤처 기업 위즈돔에 인턴으로 입사해 공동 대표를 지낸 후 2018년 위커넥트를 창업했다. 탄력적인 근로 환경을 제공하는 기업을 발굴해 경력 단절 여성의 채용을 돕는다. 회사 내부적으로도 팀원들의 거주지와 가족 형태, 선호하는 업무 스타일에 맞게 원격·재택 근로를 지원한다. 여성의 문제를 해결하는 데 지속적으로 영향력을 발휘하는 리더가 되고자 한다.

김미희 튜터링 대표

튜터링은 1대1 영어, 중국어 회화를 기본으로 온디맨드 모바일 러닝 플랫폼을 제공하는 에듀테크 기업이다. 김미희 대표는 삼성전자에서 모바일 UX, 서비스 기획자로 일했다. 2011년

고안한 아이디어를 바탕으로 2016년 2월 튜터링을 창업했다. 튜터링을 론칭한 후 3년 만에 가입자 100만 명을 유치했고, 국내 1위의 모바일 회화 서비스로 성장시켰다. 모바일 교육 시장의 혁신가, 공감 능력을 잃지 않는 겸손한 리더의 모습을 추구한다.

박리안 타이크 대표

타이크는 올데이 브런치 카페를 콘셉트로 하는 브랜드 '롱브레드'를 운영한다. 감성적인 공간과 콘텐츠로 끊임없이 변화하는 문화적 소비 경험에 대한 욕구를 충족해 주는 것을 목표로 한다. 박리안 대표는 주한 미국 대사관 의전 보좌관으로서 다양한 소통의 경험을 쌓았고, 옥토끼 프로젝트의 부대표로 일했다. 옥토끼 프로젝트에서 '요괴라면' 등 트렌드를 민감하게 반영한 상품을 기획하고 콘텐츠를 개발했다. 제품과 브랜드에 대한 스토리텔링을 기반으로 다양한 기업과의 협업 프로젝트를 총괄했다.

정수현 앤스페이스 대표

앤스페이스는 사용자 중심의 부동산 서비스를 제공하는 소셜 벤처 기업이다. 공간 공유 플랫폼 '스페이스 클라우드'를 운영하고, 유휴 공간을 활용해 사회 주택과 복합 문화 커뮤니티 시설을 짓는다. 정수현 대표는 비영리 교육 단체에서 일하던 중 코워킹 스페이스에 흥미를 느껴 창업했다가 부동산 혁신 서비스로 미션을 확장했다. 강력한 미션을 바탕으로, 팀원들의 개성이 존중받을 수 있는 팀을 만들고자 한다.

최소현 퍼셉션 대표

퍼셉션은 다양한 디자인 솔루션으로 더 나은 세상을 만들고자 하는 크리에이티브 컨설팅 기업이다. 최소현 대표는 IT 기업 프리챌에서 디자이너로 커리어를 시작해, 2002년 두 명의 동료와 반지하 방에서 퍼셉션을 창업했다. 퍼셉션을 이끌며 2017년 재개장한 세운상가 리뉴얼을 도왔고, 할리스커피의 브랜드 이미지 개선 작업을 총괄했다. 디자인이라는 도구로 세상을 바꾸는 체인지 메이커, 밸류 크리에이터이자 따뜻한 카리스마를 지닌 리더가 되기를 꿈꾼다.

리더의 일 ; 분명한 가치를 수립하고 타인을 설득하라

최소현 리더는 사업을 통해 창출하고 싶은 가치를 분명히 하고, 그것을 바탕으로 타인을 설득할 수 있어야 한다. 조직의 가치관에 맞는 프로젝트를 선정해 사업을 성장시키는 것이 관건이다. 해당 프로젝트가 단기적인 이익 창출의 목적을 넘어 최소한의 보편타당한 가치를 추구하는지, 세상에 긍정적인 영향을 미치는지 사전에 검토해야 한다.

김미희 리더는 사업 단계에 필요한 역할에 맞게 정체성을 계속 진화시켜야 한다. 기술자와 기업가의 정체성은 다르다. 기술자가 자신의 능력을 바탕으로 직접 실무를 진행하는 사람이라면, 기업가는 비전을 제시하고 조직의 시스템을 정립하는 사람이다. 창업 직후 내 정체성은 기술자에 가까웠다. 조직이 점차 커지면서 비전을 만들고 공유하는 일에 집중할 수 있었다. 그 과정에서 기업가로서의 정체성을 키운 것 같다. 지금은 구성원들과 비전을 공유해 그에 맞는 가이드를 주고, 일에 방해가 되는 요소들을 제거하는 것이 내 역할이라고 생각한다.

박리안 리더의 의무는 행복한 전문가 집단을 만드는 것이다. 조직이 앞으로 나아가기 위해 필요한 공동의 목표를 설정하고, 플레이어들의 역량을 최대한 끌어내야 한다. 많은 사람들이 어떤 기업에서, 얼마나 일했다는 경력으로 자기를 소개하지 않나. 기업은 인성이든, 기술이든 개인의 역량을 발전시켜주는 인큐베이터 역할을 할 수 있어야 한다. 팀원들이 다른 회사로 이직할 때, 우리 팀에서 일한 시간이 좋은 명함이 될 수 있도록 해주고 싶다.

정수현 리더는 미션에 대해 강한 '덕후력'을 갖고 있어야 한다. 절대 양보할 수 없는 가치들에 대한 명확한 기준을 세워야 팀원들이 회사의 비전을 잘 이해하고 따라올 수 있다. 미션을 바탕으로 타인에게 열정적으로 에너지를 전파하고, 공감대를 형성하도록 만드는 일도 중요하다. 나는 한번 파고들기 시작한 주제에 관해서는 지치지 않고 몰입하고, 항상 활력이 넘친다. 그런 흡인력이 주변 사람들에게 좋은 자극이 되고, 함께 일하고 싶다는 느낌을 주는 것 같다.

김미진 다섯 가지를 균형 있게 잘해야 한다. 일단 비즈니스를 잘해서 영업 이익을 내고, 추구하는 미션을 달성해야 한다. 회사가 안정적으로 굴러갈 수 있도록 경영도 잘해야 한다. 리더십을 발휘해 팀원들의 고민과 성장 욕구를 파악하고 경영과 사업의 기회를 통해 필요한 것을 제공해 주어야 한다. 창업 초기 단계라면 실무까지 잘해야 한다. 마지막으로 리더 개인의 삶을 잘 살아야 한다. 스타트업은 대표 한 사람의 육체적, 정신적, 관계적 건강이 회사의 사운을 좌우한다. 이 다섯 개의 공을 쉴 새 없이 저글링하면서 떨어뜨리지 않도록 챙기는 싸움이다.

좋은 팀을 만드는 리더십 ; 서로에게 이익이 되는 커뮤니케이션

박리안 소통 능력이 관건이다. 구성원끼리 상하 관계를 벗어나 서로에게 이익을 만들어 주는 방식으로 소통해야 한다. 1대1 커뮤니케이션을 통해 팀원이 잘하고 있는 부분을 구체적으로 알리는 것이 중요하다. 단순히 "잘한다, 최고다"라는 칭찬은 피드백으로 느껴지지 않는다. 역량을 잘 발휘한 부분, 성장하고 있는 포인트, 팀에 부족한 부분을 보완한 일을 오랜 시간을 들여 꼼꼼하게 전달해야 한다. 그래야 잘못한 부분을 지적받아도 감정적인 공격이 아닌, 업무에 필요한 논의로 받아들인다.

정수현 미션을 중심으로 팀을 세팅하되, 팀원들의 다양한 성향을 존중해야 한다. 팀원들의 역량, 관심도, 열정의 수준을 고려하지 않고 미션만 강요하면 팀워크를 만드는 데 실패한다. 창업 초기에는 오로지 플랜A만 고집하느라 팀원들을 힘들게 하고, 좋은 사람들을 놓쳤다. 이제는 나뿐 아니라 모든 팀원이 플랜B에 열려 있고, 누군가 큰 실수를 해도 잘잘못을 따지기보다 함께 빠르게 수습하는 분위기를 만들었다. 팀원이 회사에 오래 남는 것이 무조건 이득이라고 생각하기 때문에 그들을 잘 일으켜 세우고 오래 일하게 할 방법을 늘 고민한다.

김미진 리더십은 기본적으로 감정 노동이다. 좋은 리더가 되려면 조직 구성원의 집안에 아픈 사람은 없는지, 서로 싸우고 사이가 틀어진 직원은 없는지, 개인적으로 축하하거나 위로할 일은 없는지 살펴야 한다. 그것이 곧 조직 관리이고, 팀을 위해 리더가 할 일이다.

최소현 조직 구성원의 가치관을 중요하게 생각한다. 디자인은 클라이언트의 추상적인 요구를 가시화하는 작업이기 때문에 프로젝트 수행 과정에서 필연적으로 디자이너의 가치관이 개입된다. 어떤 가치를 지향하는지, 어떤 사람으로 살고 싶은지에 중점을 둔다.

　　(팀을 통해 성취를 느낀 순간은 언제인가?) 나를 믿고 조직에 합류하는 사람이 생겼을 때다. 창업 초기, 당장 일을 할 수 있는 사람이 나를 포함해 둘 뿐일 때 교통사고를 당했다. 당시 유명 기업 입사를 결정하고 출근을 기다리고 있던 후배에게 잠시만 도와 달라고 부탁했다. 퇴원하고 돌아오니 그 후배가 원래 가려던 기업의 입사를 포기하고 나와 함께 일하겠다고 했다. 첫 직원이었다. 조직이 구성해 준 팀이 아니라, 나를 중심으로 만들어진 팀을 통해서 보람과 책임감을 더 크게 느꼈다.

김미희 팀에 필요한 성향을 가진 인재를 판별하는 기준을 갖고 있어야 한다. 그래야 채용을 일관성 있게 진행하고, 팀에 비전을 전파하기도 쉽다. 튜터링이 선호하는 인재상의 키워드는 셀프 모티베이티드self-motivatied, 셀프 스타터self-starter다. 높은 연봉과 같은 외적 요인 외에 본인만의 내재화된 동기가 있는 사람을 알아보려 노력한다. 학습 플랫폼을 만드는 일에 열의를 갖고, 사용자들에게 영향을 주는 것에 기쁨을 느끼고, 스스로 문제를 해결해 가는 과정을 즐기는 성향을 이미 갖추고 있는 사람과 팀을 꾸리는 것이 굉장히 중요하다.

팀원들과 소통하는 법 ; 한가해 보이는 리더의 강점

김미진 우리 회사에는 케어 콜care call이라는 게 있다. 일주일에 한두 번 팀원에게 전화를 걸어 "케어 콜이야"라고 말하고 업무와 관계없는 소소한 대화를 나눈다. 원격 근무를 하면서 대면으로 관계를 쌓을 기회가 적어지는 문제를 보완하기 위해 고안했다. 팀원들이 리더의 관심을 받고 있다고 느끼게 하는 것이 조직 관리에 중요하다. 기본적인 친밀감이 있어야 부정적인 상황도 빠르게 공유하고 해결할 수 있다. 팀원들의 이야기를 잘 듣기 위해 리더가 갖춰야 하는 자질 중에는 '한가해 보이는 것'도 있다. 사무실에서 신경질적이거나, 심각하거나, 바빠 보이면 구성원들이 불안해하고, 꼭 해야 할 이야기도 못 한다.

정수현 팀원은 대표와의 대화에서 손해 보지 않기 위해 사회적 가면을 쓴다. 리더는 솔직한 피드백을 들을 수 없고, 팀원은 불필요한 에너지를 낭비한다. 그런 문제를 방지하기 위해 팀원들에게 미리 인재상을 공유한다. 우리 회사에는 세 가지 인재상이 있다. A는 일상적으로 반복되는 업무를 잘 소화하는 사람, B는 자기 커리어를 발전시키기 위해 개인적인 시간을 투자해 회사에 더 기여하는 사람, C는 앤스페이스의 사업이 곧 자기 미션이 된 사람이다. 회사에는 세 종류의 인재상이 모두 귀하다. 구성원들이 자유롭게 자기 포지션을 정하고, 대표가 그것을 존중해야 서로 솔직하게 소통할 수 있다.

최소현 직원들이 내게 의견을 물어오면 어떤 종류의 피드백을 원하는지부터 확인한다. 예를 들어 프로젝트 결과물에 대한 피드백을 요청하면 큰 그림에 대한 피드백과 꼼꼼한 피드백 중 어떤 쪽이 필요한지 파악한다. 커리어에 대한 상담도 조직의 리더로서의 의견을 원하는지 사회생활 선배로서의 조언을 원하는지 묻는다. 소통의 목적을 서로 일치시켜야 효과적이다.

김미희 칭찬은 대외적으로 하되, 부정적인 피드백은 1대1로 한다. 실리콘밸리 기업 문화에서는 부정적인 피드백에 솔직해지라고 하지만 국내 정서에는 안 맞는다고 생각한다. 나도 직원이었기 때문에 부정적인 평가를 대외적으로 들으면 도리어 일할 동기가 꺾인다는 것을 알고 있다. 부정적인 피드백은 구체적인 팩트 중심으로 하고, 감정을 섞지 않는다. 나에 대한 직원들의 피드백도 묻는다.

박리안 팀원들의 솔직한 피드백을 원한다면 작은 프로젝트부터 차근차근 결정권을 위임해야 한다. 팀원들의 역량이 회사에 중요하다는 사실을 알리고, 핵심 업무를 맡겨야 수평적인 소통이 가능하다. 한국의 직원들은 허락을 받는 것에 민감하고, 의견을 자유롭게 피력하는 훈련이 부족하다. 그런 구도에서는 일의 결과물이 리더의 취향과 시야 이상으로 확장될 수 없다. 한 팀원이 프로젝트의 시작과 끝을 책임지고 진행하고, 리더에게는 결과만 보고해야 내 일, 내 회사라는 주인 의식이 생긴다. 그래야 회사가 나아가는 방향에 대한 자신의 의견과 느낌을 대표에게 가감 없이 말할 수 있다.

설득하고, 신뢰받는 노하우 ; 솔직하게 요구하고, 명확하게 계산하라

정수현 투자자와 협업 파트너를 설득할 때는 그들에게 명확한 이익과 효용이 발생하는지 먼저 계산한다. 우리와 일하면

손해 보지 않는다는 신뢰를 주기 위해 전략을 짜고 움직인다. 그리고 우리의 요구를 솔직하게 피력하는 데 최선을 다한다. 팀원들을 대할 때는 상대방의 조직 기여도를 존중하며 소통하려 노력한다. 리더로서 느끼는 무게감과 책임감이 커지다 보면 자기도 모르게 권위적인 태도로 사명감을 요구하게 된다. 팀원들은 항상 즐겁게 해주고, 지지해 주어야 하는 존재라는 사실을 잊지 않으려 한다.

김미희 결과로 보여 주는 것이 가장 효과적이다. 튜터링은 굉장히 빠르게 성장했다. 유저와 매출 증가율이 사업 초반에 세운 핵심 성과 지표KPI를 벗어나지 않았다. 회사가 순차적으로 목표를 달성해 나가는 모습을 보면서 팀원들 간의 신뢰가 더 돈독해졌다. 애초에 신뢰를 기반으로 팀을 구성하는 것도 중요하다. 회사의 비전을 믿도록 구성원을 설득하는 것 자체가 엄청난 비용이다. 채용할 때부터 비판적이고 의심이 많은 사람보다 긍정적이고 유연한 마인드를 가진 사람들을 모았기 때문에 커뮤니케이션 비용을 줄일 수 있었다.

박리안 회사에 대해서는 모든 것을 알고 있고, 진행 중인 프로젝트에 있어서는 최고의 전문가가 되어야 타인을 설득할 수 있다. Q&A 세션을 두려워하기는커녕 가장 기대해야 한다. 협업 상대와 동등한 파트너십을 구축하는 것도 중요하다. 둘 사이에 갑을 관계가 설정되면 의견을 자유롭게 말할 수 없고, 특정인의 결정을 따라가게 된다.

김미진 외부 파트너를 단기적으로 설득하는 일은 상대적으로 쉽다. 오히려 팀원들과 신뢰를 쌓는 데 정성이 필요하다. 우선 내가 어떤 방식으로 일하고, 문제를 해결하는지 보여 준다. 그다음은 어깨너머로 본 것을 바탕으로 팀원이 직접 해낼 때까지 기다린다. 마지막으로는 그 사람만의 방식이 있다는 사실을 인정하고 받아들인다. 리더들은 자신이 경험하지 못한 방식으로 일이 흘러가면 불안해하고, 오탈자 지적부터 전화 받는 방식까지 사소하게 관여한다. 그러면 관계가 다시 원점으로 돌아간다. 팀원의 방식이 마음에 안 들더라도 스스로 변화하거나, 자기만의 방식으로 발전할 수 있도록 기다려 주어야 한다.

최소현 상대방과 입장을 바꿔 생각해 보려고 노력한다. 역지사지의 태도로 설득에 임하면 상대가 처해 있는 상황을 다각도로 파악할 수 있고, 이해를 바탕으로 제대로 소통할 수 있다. 대학 시절 내내 교지 기자로 활동하면서 다양한 사람들을 많이 만났다. 그때의 경험이 상대방의 입장이 되어 보는 법을 체득하는 데 도움이 된 것 같다.

난관을 극복하는 법 ; 상황을 직시하고 스스로에게 질문하라
최소현 스트레스 관리는 자신의 상황을 객관화하고 어려움을 직면하는 것에서 출발한다. 스스로에게 자문하는 연습을 해 두는 것이 유용하다. 문제 해결을 위해 타인을 인터뷰하듯, 나의 상황과 관련된 솔직한 답변을 추출할 수 있는 질문들을 구성하고 내 메일 계정으로 전송해서 받아 보는 것이다. 10년 동안 혼자만의 문답을 지속하면서 내 감정 상태를 직면하고 나 자신을 이해할 수 있었다. 리더로서 냉철한 의사 결정을 내리고, 팀원들이 항상 일관된 기준을 갖고 일할 수 있는 환경을 만들기 위해 필요한 일이라고 생각한다.

박리안 혼자서는 일을 잘할 수 있지만, 조직의 책임자로서 퍼포먼스를 내는 것은 전혀 다른 문제였다. 다른 사람의 업무 능력 때문에 내가 저평가되는 게 싫었다. 박리안 개인의 시야를 조직을 아우르는 시야로 넓히는 것이 쉽지 않았다. 많은 실패 덕에 그 담을 넘었다. 공장 앞에서 문전박대를 당하고, 세 시간을 기다린 사람이 결국 만나 주지 않아 프로젝트가 무산되기도 하면서 나도 실패할 수 있다는 사실을 처음 깨달았다. 완벽에 대한 강박을 갖는 대신 내 부족함을 인정하고, 팀에 도움을 청하면서 마침내 누군가의 리더로 거듭날 수 있었다고 생각한다.

정수현 이별에도 연습이 필요하다. 공동 창업자와 같았던 동료가 자기 미션이 생겨서 졸업하듯 회사를 떠났을 때 오랜 연인과 헤어지는 것 같은 슬픔을 느꼈다. 커리어는 좋은 여정이 되어야 하고, 창업자가 아니고서야 이 회사가 최종 목적지가 될 수 없다는 사실을 잘 알고 있다. 창업자의 본질이 자기 것을 하겠다고 어딘가에서 뛰쳐나온 사람들이기 때문에 자기 미션이 생긴 사람을 말릴 수도 없다. 그럼에도 성장한 팀원을 잘 보내 주는 일이 늘 어렵게 느껴진다.

김미진 구성원 모두가 덫에 걸린 것 같은 시기가 있었다. 서로의 감정과 상황을 지나치게 배려해, 아무도 불만을 얘기하지 않은 것이다. 터놓고 얘기하면 쉽게 해결될 문제들이 쌓이며 일에 악영향을 미쳤다. "투명하게 다 얘기하자"고 합의하고 그동안 자신이 느낀 섭섭함과 부담감, 어려움을 솔직하게 공유했다. 노력하고 있는 누군가에게 상처가 될까 봐 부정적인 의견과 감정을 숨기면 조직이 발전할 수 없다. 서로의 취약성을 인정하는 일이 필요하다.

김미희 창업 초기에는 시간이 절대적으로 부족하다. 리더의 일과 실무가 겹치는 상황에서 구성원과 충분히 소통하기가 쉽지 않다. 성과를 만들고, 생존해야 했기 때문에 조직 문화를 만들고 리더십을 가다듬는 일을 후순위로 미뤘다. 소통이 부족하면 갈등이 생긴다는 사실을 깨달은 후로는 구성원을 대하고 소통하는 방식에 원칙을 세우고 조직 문화를 명문화했다. 커뮤니케이션 비용을 줄이고 구성원 간의 오해를 최소화하기 위해 꼭 필요한 작업이다.

여성 리더가 많아지기 위한 조건 ; 손을 드는 연습, 손을 내리지 않는 힘

정수현 나는 역량이 부족하다고 느껴도 일단 손부터 든다. 대학생 때 학교 역사상 여성 총학생회장이 한 번도 없었다는 이유로 남학생을 회장 후보로 세우고 부회장으로 출마한 경험이 있다. 그런데 상대 선거 본부에서 여성이 회장으로 출마해 최초로 당선됐다. 그 후로 여성이라는 이유로 양보하거나, 내가 하고픈 일을 남을 통해 이루지 않겠다고 다짐했다. 회사 내에서도 여성 팀원들에게 의도적으로 기회를 더 주려고 하지만, 본인 스스로 기회를 놓치지 않으려는 의지를 피력하는 것이 더 중요하다. 먼저 손을 드는 연습을 하고, 손을 내리지 않는 힘을 키워 가길 바란다.

김미진 과거에 비해 여성 리더가 많아진 지금도 대기업 임원, 국회의원, 유망 산업을 대표하는 인물들은 여전히 남성이 더 많다. 기회의 평등은 개선되었지만, 커리어를 유지하는 조건이 나아지지 않았기 때문이다. 피라미드의 꼭대기로 올라가는 과정에서 여성만이 겪는 수많은 불평등과 장애물이 있다. 처음 사업을 시작했을 때는 늦어도 20년 안에 그들을 보호할 견고한 집을 지을 줄 알았다. 지금은 여성이 경험하는 커리어의 부당함, 삶에 누적되는 문제들을 해결하기 위해 다른 회사들과 함께 벽돌을 쌓아 가는 것이 내 역할이라고 생각한다. 집짓기를 혼자 시작할 수는 있어도, 혼자 끝마칠 수는 없기 때문이다.

김미희 여성 리더가 드문 이유는 30대에 결혼과 육아라는 허들이 있기 때문이다. 한국에서는 여전히 육아가 여성의 몫이 되고, 많은 여성들이 커리어의 정점에서 기로에 선다. 그 고비를 넘으면 훨씬 많은 여성 리더들이 탄생할 수 있다. 나는 아이와 24시간을 보내는 것보다 일이 더 적성에 맞았기 때문에 커리어를 선택했다. 선택권 자체를 갖지 못해서 기회를 잃는 사람들이 많다는 사실이 안타깝다. 세계적인 트렌드가 소프트웨어나 콘텐츠 사업 중심으로 재편되면서 다양한 역량들이 리더십의 조건으로 부각되고 있다. 여성들을 위한 기회도 자연스럽게 늘어날 것이라고 본다.

최소현 평등이라는 개념을 기계적으로 해석해서 뭐든지 똑같이 해야 한다고 주장해서는 안 될 것 같다. 보편타당한 가치에 대한 존중, 상대가 처한 상황에 대한 배려가 있다면 서로 이해하고 도울 수 있다. 기업의 리더로서는 여성 팀원들의 결혼이나 커리어 패스와 같은 개인적인 문제도 편하게 상의할 수 있는 동료가 되려고 한다. 여성 동료들이 원하는 일을 오래 할 수 있도록 돕고 싶다.

박리안 워킹맘이라 업무 시간 중에 아이를 데리러 가야 하는 일이 생기곤 한다. 당연히 보호받아야 할 이런 권리를 여전히 많은 기업들이 무능력의 증거로 취급한다. 여성 리더들이 직장 문화를 바꾸는 역할을 해야 한다.

롤모델 ; 자기만의 피라미드를 쌓고, 그 꼭대기에 서라

김미진 내가 하고픈 일의 꼭대기에 서 있는 사람이 없었기 때문에 롤모델도 없었다. 스스로 무엇에 유능감과 효능감을 느끼는지에 집중하고, 닮고 싶은 사람들의 모습을 콜라주해 미래의 내 모습을 그렸다. 롤모델을 선택하고 무작정 좇아가기보다 자신만의 피라미드를 쌓아 올리고, 그 꼭대기에 서라. 자서전이 재미있는 이유는 실패와 성공, 재기에 대한 자기만의 스토리가 있기 때문이다. 여성의 문제를 해결하고 긍정적인 영향력을 발휘하는 사람이 되고 싶다.

정수현 사업을 하면서 한성숙 네이버 대표를 투자자로 만났다. IT 서비스 분야에서 최고의 리더라고 생각한다. 한 대표님께서 주재하는 회의에 참여할 기회가 있었는데, 고객의 불만을 포착하고 문제를 해결하기 위해 디테일과 싸우는 모습을 보고 깜짝 놀랐다. 섬세한 집중에서 비롯한 한 끗의 차이가 수천만 유저를 확보한 원동력이라는 생각이 들었다. 실패 자체는 의연하게 넘기는 대신, 실패의 이유를 치밀하게 분석해야 한다는 사실을 깨달았다. 서비스와 사용자에 대한 엄청난 집착을 바탕으로 여러 분야의 전문가들을 이끄는 모습을 보면서 저런 리더가 되고 싶다고 생각했다.

박리안 미국 대사관 의전실에서 일하던 시절, 나를 믿어 주셨던 여성 대사님이 계셨다. 멋진 여성 리더라고 생각했고, 롤모델로 여겼다. 그분이 내게 감당하기 어려운 규모의 프로젝트를 맡겼을 때, 이건 내가 할 만한 일이 아니라고 말씀드렸다. 대사님께서는 "네가 아직 어려서 자신을 못 믿겠으면, 네가 멋지다고 생각하는 내 눈에 비친 너를 믿어라"라고 대답하셨다. 지금도 내 역량을 의심하는 순간마다 그 말을 떠올린다. 누군가에게 그런 진심을 전할 수 있는 리더가 되고 싶다.

김미희 제프 베조스Jeff Bezos, 빌 게이츠Bill Gates, 스티브 잡스Steve Jobs 같은 IT 거장들이 롤모델이다. 창업 세계를 선도하는 그들의 선구자적인 모습을 닮고 싶다. 팀 내부적으로는 겸손한 리더의 모습을 추구한다. 성공하더라도 자만하지 않아야 공감 능력을 잃지 않을 수 있다. 구성원들이 성과를 내기를 종용하기보다 회사에서 한 단계 성장할 수 있도록 돕고, 그들의 커리어와 인생에 임팩트를 주는 리더가 되고 싶다.

최소현 잠자리에 들면서 '오늘 하루 잘 살았다'고 느끼는 날들이 모이면 그게 내 커리어가 된다고 생각한다. 지금은 따뜻한 카리스마를 가진 리더를 꿈꾼다. 공자의 말 중 '군자삼변君子三變'이라는 게 있다. 군자는 세 번 변하는데 멀리서 봤을 땐 엄숙하고, 가까이서 보면 따뜻하고, 말을 들어 보면 논리적이라는 의미다. 군자삼변의 모습을 갖춘 리더로 나이 들고 싶다.

리더를 꿈꾸는 후배들에게 : 리더십은 노력으로 발전시킬 수 있다

김미희 기업에 있을 때는 성과를 드러내고, 아이디어를 강력하게 주장하는 것이 쉽지 않았다. 창업자라고 하면 흔히 떠올리는 외향적이고 도발적인 이미지와는 거리가 멀었다. 오히려 창업 후에 내가 원하는 방향으로 사업을 구현하고, 시장에서 빠르게 성과를 낼 수 있게 되면서 성향이 바뀌었다. 긴 연습 기간을 거쳐 마침내 진짜 나로 살고 있는 기분이다. 리더십이 노력에 의해 발전시킬 수 있는 영역이라는 사실을 인지하면 누구나 잘해 낼 수 있다. 세상의 난제들을 해결하는 데는 다양한 캐릭터의 사람들, 다양한 성향의 리더가 필요하다.

박리안 타인이 내 앞에 걸림돌을 갖다 놓기 전에 스스로 장애물을 만들지 말라. 누구든 내가 실패할 수밖에 없는 이유 세 가지쯤은 제시할 수 있다. 그러나 실패할 거라고 스스로를 설득하면 안 된다. 강연이나 미팅에 참석하기 전, 나에게 "너는 멋있고, 무엇이든 할 수 있다"고 말한다. 내가 나를 멋지다고 여겨야 남들 눈에도 그렇게 보인다. 지금 반드시 리더의 자리에 있어야만 리더가 아니다. 많은 여성들이 자신이 속한 커뮤니티 안에서 리더의 마인드로 살길 바란다. 그렇게 나아가면 언젠가 원하던 자리에 도달할 것이다.

최소현 자신을 믿고 사랑하라. 존재 이유는 스스로 만들어야 한다. 어떤 결정을 내릴 때는 자신만의 기준을 갖고, 그것을 지지하기를 바란다. 자신의 선택에 대해서는 책임질 수 있어야 한다.

김미진 지금 내가 리더의 자리에 있는 이유는 대단하고 잘나서가 아니라 하겠다고 마음먹었기 때문이다. 누군가 할 거라고 생각하는 것과 내가 하겠다고 마음먹는 것은 종이 한 장차이다. 여성 리더를 꿈꾸는 모두가 자기만의 방식으로 성공할 수 있다. 지금은 여성 리더들이 다양한 레퍼런스를 만들어가는 단계다. 과거의 정형화된 성공 방정식을 따르기보다, 더 많은 여성의 서사를 만들어 성공의 법칙을 n개로 늘리는 일이 필요하다.

정수현 좋아하는 일을 하고 있다면 상황이 허락하는 한 끝까지 하길 바란다. 일하는 시간을 줄이더라도 일의 호흡을 놓치지 않았으면 좋겠다. 결혼과 육아 때문에 휴직과 복직을 고민하는 여성 팀원들이 있다. 그들에게 풀타임이 아니라도 좋으니, 새로운 업무 방식을 만들어 가자고 말한다. 일하고 싶은 의지가 있고, 회사와 비전을 공유하는 사람들을 위해 다양하고 탄력적인 업무 방식을 연구하고 있다. 팀원을 존중한다는 것은 다양한 일의 형태를 허용해 주는 것이기도 하다. 특히 여성들은 생애 주기에 따른 변화가 큰 만큼, 자신의 커리어를 이어 갈 수 있는 방안을 적극적으로 제안했으면 좋겠다.

아이를 키우면서 일한다는 것

일하는 여성이 보편화된 시대지만, 육아는 여전히 여성의 몫으로 여겨진다. 많은 여성들에게 커리어의 변곡점은 결혼과 출산, 육아와 함께 온다. 여성들은 일과 육아 사이에서 선택의 기로에 서곤 한다. 2020년 상반기 기혼 여성 중 경력 단절 상태에 있는 경우는 17.6퍼센트에 달했다. 일하는 여성들도 자녀를 돌보는 데 어려움을 겪을 때마다 이직이나 퇴사를 고민한다. 2019년 조사에 따르면 아이를 키우면서 일하는 여성들의 95퍼센트는 퇴사를 고민한 경험이 있었다. 그럼에도 현 직장에서 계속 일하고 싶다고 답한 응답자가 75퍼센트에 달했다. 일과 육아를 병행하는 것이 일을 지속하고, 리더로 성장하고 싶은 여성들에게 중요한 과제인 이유다.

결혼과 육아를 선택한 여성들도 일에서 성장할 수 있어야 한다. 아이를 키우면서 일하고 있는 여성 리더 4인을 만났다. 교육 콘텐츠 기업 더플레이컴퍼니의 강윤정 대표, 천연 화장품 기업 율립의 원혜성 대표, 이혼 사건을 전담하고 관련된 이야기를 웹툰 콘텐츠로 만들고 있는 최유나 변호사, 국제회의 통역사로 활동하고 있는 최현진 통역사에게 일하는 여성에게 아이가 주는 의미, 아이를 키우면서 겪은 성장, 엄마와 일하는 사람의 정체성 사이에서 자신을 지키는 법을 물었다.

강윤정 더플레이컴퍼니 대표

대기업에서 마케팅 관련 업무를 하다 아이를 낳고 석 달 만에 더플레이컴퍼니theplaycompany를 창업했다. 교육에 재미와 놀이, 게임을 융합한 콘텐츠로 전혀 새로운 교육 경험을 디자인하는 사람learning experience designer이라고 스스로를 소개하며, 딱딱한 교육 업계에서 독특한 콘텐츠를 만들고 있다. 약 20년 동안 함께한 남편과 결혼, 육아 관련 독서 모임 '부부사기단'을 운영하며 결혼과 육아에 대해 막연한 두려움을 가진 이들에게 긍정적인 측면을 공유하고 있다. 세상의 긍정적 변화에 작은 기여라도 하고 싶다는 생각을 갖고 있다.

원혜성 율립 대표

율립은 유해 성분 없는 100퍼센트 천연 화장품을 만드는 회사다. 회사 이름은 딸 이름인 '율희'의 '율'과 영어로 입술을 뜻하는 'lip'의 합성어로, 엄마와 딸을 비롯한 모든 이들에게 무해하고 건강한 화장품을 만든다는 취지다. 화장품 브랜드의 PR 어시스턴트, 잡지사의 뷰티 에디터로 일하면서 예민한 피부 때문에 립스틱조차 바를 수 없었던 개인적인 어려움에서 사업 아이디어를 얻었다. 딸이 브랜드의 뮤즈인 만큼 건강한 아름다움과 지속 가능성을 추구하는 브랜드를 만드는 데에 초점을 맞추고 있다.

최유나 변호사

20대부터 이혼 변호사로 활동하며 1000건 이상의 이혼 소송을 진행했다. 누군가의 인생에 닥쳐온 고통의 시기에 든든한 동반자가 되는 것을 천직이라고 여기며, 소송을 통해 인생을 배우는 워킹 맘이다. 간접 경험을 통해 느끼고 배우는 것을 공유하고 이혼 소송에 대한 정확한 정보를 제공하고자 김현원 작가와 함께 인스타툰 〈메리지 레드〉를 연재하고 있다. 이를 바탕으로 한 책 《우리 이만 헤어져요》를 출간했다.

최현진 통역사

2010년부터 한국어-영어 국제회의 통역사로 활동하고 있다. 대통령, 총리급 VIP 통역과 ASEAN, EU, OECD, UN 등이 개최한 주요 회의에서 동시통역과 영어 사회를 담당했고 2017년 번역서 《대통령의 연설》을 출간했다. 2019년 아기를 낳고 워킹 맘으로 새로운 인생을 시작했다. 아이와 함께 브랜드 홍보 대사 활동을 하거나 인스타그램, 토크쇼 등에서 여성들과 활발히 소통하고 있다.

아이라는 존재의 의미 ; 가족이라는 팀

강윤정 일하는 여성에게 아이란 삶의 디폴트 값이 바뀌는 계기다. 디폴트 값은 기계가 생산될 때 기본으로 세팅된 값이지만, 살아가면서 충분히 조정이 가능하다. 이를 절대적인 것으로 생각해서 겁을 먹는 경우가 많은 것 같다. 나는 가족을 팀으로 본다. 아이가 생기는 것은 한 명의 재미있는 팀원이 들어오는 것이라고 생각한다. 나는 6년간 직장 생활을 한 뒤 회사를 차려 경영해 왔다. 창업했을 때는 불과 출산 몇 달 뒤였다. 회사와 아이가 같이 자라 온 것이다. 육아와 일을 함께 진행하면서 가족을 하나의 팀이라 생각하며 헤쳐 나갔다.

최유나 일도 나의 정체성이고, 아이를 키우는 것도 새로 생긴 정체성이다. 나의 직업과 엄마라는 역할에 비슷한 비중을 두고 살고 있다. 일을 하면서 아이를 키운다는 건 일을 하면서 행복, 책임감, 세상에 태어난 이유 같은 것들을 느끼고, 아이에게 전달하는 일이라고 생각한다. 아이가 이 세상에 왜 태어났고, 어떤 일을 할 수 있는 사람이고, 무엇을 할 때 행복할지 알 수 있도록 자극을 주는 것이다. 아이가 일에 동기 부여가 되기도 하고, 육아에서 얻는 것들이 일에도 도움이 되기 때문에 아이를 키운다는 것을 일과 분리해서 생각할 수 없다. 모두 나라는 사람을 구성하는 요소다.

최현진 일밖에 몰랐던 사람에게 찾아온 새로운 행복이고, 다른 무엇과도 바꿀 수 없는 기쁨이다. 또한 커리어가 더욱 발전하도록 동기를 부여해 주는 존재다. 나는 임신 기간 내내 일을 했다. 직장인이었더라면 출산 휴가 같은 제도를 사용했겠지만, 프리랜서 통역사이기 때문에 출산 바로 전날까지 일을 해야 했다. 임신 때문에 부정적인 영향이 있었다거나 퍼포먼스가 떨어졌다는 평가를 받지 않으려고 노력을 더 많이 했다. 그런 평가를 받으면 아이에게 오히려 미안할 것 같았다. 출산 후에도 마찬가지다. 일에서 부정적인 영향을 받지 않기 위해 더 노력하게 된다. 아이가 사회인으로서의 나를 볼 때, 발전해 나가는 존재가 되고 싶어서이기도 하다. 아이는 나 스스로 더 노력하고 발전하게 만드는 힘을 주는 존재다.

원혜성 아이가 창업의 결정적인 계기이자 브랜드의 뮤즈다. 지금 딸이 여섯 살인데 10대가 되고 나중에 어른이 돼도 마음 편히 쓸 수 있는 화장품을 만들고자 한다. 아이의 성장이 곧 브랜드의 성장이라고 생각하며 지속 가능성을 고민한다. 브랜드를 떼어 놓고 봐도 아이는 존재만으로도 삶의 원동력이다. 밖에서 일 때문에 스트레스를 받고 돌아와도 아이가 웃고 재롱을 피우면 어깨가 가벼워진다. '인생, 뭐 별거 있나'라는 생각이 들면서 다시 나아갈 힘을 얻는다.

결혼과 육아를 망설이는 여성들에게 ; 가족이 함께 하는 일

최현진 결혼은 일에 그다지 큰 영향을 미친다고 생각하지 않는다. 부부는 결혼 후에도 서로의 영역을 존중하면서 시너지를 낼 수 있다. 나 역시 그랬다. 하지만 육아는 완전히 다른 이야기다. 노력과 시간, 정신, 체력, 재력까지 많은 것을 쏟아부어야 한다. 그렇기에 혼자 할 수 없고, 가족이 함께 해야 하는 일이다. 아이 하나를 키우려면 온 마을이 필요하다는 말처럼, 육아는 여성이 혼자 하는 것이 아니라 온 가족이 함께 하는 일이다. 가족이 함께 아이를 키울 수 있는 준비가 되었을 때 아이를 가지게 되면 덜 힘들고, 더 행복하게 키울 수 있을 거라고 말하고 싶다.

원혜성 반드시 결혼을 하고 아이를 낳아야 한다고 말하고 싶지 않다. 결혼을 하지 않고 아이를 낳지 않아도 된다고 생각한다. 나도 결혼을 늦게 한 편이었고, 결혼을 하지 않고 아이를 낳지 않고도 즐겁게 살 수 있다고 생각했었다. 그런데 느지막이 결혼을 하고 율희가 태어나면서 율립도 탄생했다. 결혼과 아이를 통해서 새로운 길이 열리기도 한다. 부정적으로만 보지 않고 가능성을 열어 두고 양면을 볼 수 있으면 좋겠다.

최유나 결혼과 육아를 망설이는 마음을 이해한다. 아이를 낳

앗을 때가 일에 있어 성장하던 시기, 제일 중요한 시기였는데 그 2~3년 동안 커리어 성장이 더뎌졌다는 생각도 했다. 그런데 시간이 지나고 보니 아이가 주는 행복과 자극이 일에 많은 도움이 되더라. 일과 육아는 분리된 문제가 아니라고 생각하기 시작했다. 그래서 '나는 일을 해야 하니까 출산은 하지 않겠다'는 것은 조금 이른 판단일 수 있다고 생각한다. 나의 경우 시간이 지나면서 생각이 바뀌었기 때문이다. 물론 아이를 키우다 보면 시간이 한정적이라는 한계가 있지만, 시간을 효율적으로 쓰는 것도 점점 훈련이 된다. 출산 자체가 커리어 성장에 마이너스가 된다고는 생각하지 않는다. 물론 회사나 직군에 따라 처한 상황이 다르기 때문에 육아와 출산 사이에서 하나를 선택해야 하는 상황이 있을 수도 있다. 그 경우에는 결국 본인이 가장 중요하게 생각하는 가치를 선택해야 할 것이다.

강윤정 사회 전반적으로 결혼과 육아에 대한 부정적 의견이 더 많다는 생각이 든다. 그런 의견이 사회에 변화를 일으킨다는 데는 공감하지만, 육아와 결혼에도 분명히 긍정적인 부분이 존재한다. 결혼과 육아에 대해 '잘할 수 있을까?'라는 고민을 한다는 것 자체가 잘하고 싶고, 잘할 수 있다는 증거일 수 있다. 제대로 못할 것 같아서 아예 시도하지 않겠다고 생각하지 말았으면 좋겠다. 본인의 생각을 제대로 정립하는 과정이 필요하다. 물론, 결혼하지 않더라도 개인적인 성장과 독립을 영위할 수 있는 사람이라면 비혼 역시 좋은 선택이라고 생각한다. 정확한 판단을 하기 위해 충분히 생각하고 양쪽의 밸런스를 갖춘 고민을 한 후 결정하면 좋을 것 같다.

부족한 시간을 관리하는 법 ; 시간을 질적으로 분배하라

최유나 육아 전에는 시간 배분을 물리적으로만 했었다. '두 시간 일을 하고, 한 시간 밥을 먹겠다'는 식으로 말이다. 그런데 육아를 해보니까 질적인 배분이 필요하더라. 육아와 경제 활동 모두 스트레스를 준다. 이를 빠른 시간에 효율적으로 덜어 내고 다시 일에 집중할 수 있는 방법을 찾는 것이 시간 효율 측면에서 중요하더라. 스트레스가 심하면 한 시간에 할 일을 세 시간 동안 하게 되고, 아이와 놀아 줄 때도 짜증을 내게 된다. 직업이 두 개라고도 할 수 있기 때문에 모드를 전환하는 자기만의 방법을 찾아야 한다. 나는 아무리 바쁘고 정신이 없더라도 짧게는 30분에서 길게는 2시간 정도 스트레스 풀리는 일을 의도적으로 하려고 한다. 사소한 일이라도 말이다. 일 끝나고 저녁에 아이 보러 가기 전에 한 시간 정도 주차장에 차를 세워 놓고 '미드'를 본다. 이 짧은 시간이 앞에 있었던 스트레스를 해소시켜 준다.

원혜성 이동 시간을 줄이고 앱을 적극적으로 활용한다. 율립은 팀원이 총 세 명이다. 나를 포함해서 두 명은 한국에 있고한 명은 미국에 있다. 모두 워킹 맘이다. 육아와 일을 병행하기 위해서는 이동 시간을 줄이는 게 가장 효율적이라고 생각했고, 사무실 없이 업무를 보고 있다. 트렐로trello, 구글 캘린더, 구글 행아웃 등의 앱을 활용해서 서로의 스케줄을 공유하고 업무를 체크한다.

강윤정 아이를 키우면 당연히 수면 시간이 부족하고, 절대적으로 시간 관리가 필요하다. 그래서 아이의 스케줄에 내 시간을 맞췄다. 나는 2007년 6월에 아이를 낳고, 그해 11월에 창업했다. 한참 창업으로 고생할 시기에 아이가 너무 어렸다. 평소에 잠이 많은데, 솔직히 창업 후 5년간 3~4시간밖에 자지 못했다. 잠투정이 있던 아이라 10시쯤 함께 잠들어서 새벽 1시나 2시에 일어나 그때부터 일을 했다. 하지만 중요한 것은 이 고단한 생활을 어떻게 받아들일 것인가의 문제다. 당연히 힘들지만 일과 육아 두 가지 모두 균형을 잡고 싶다는 생각에 그렇게 해왔다. 그리고 주변에 적극적으로 도움을 요청했다. 누군가의 도움을 받는 것에 스스로 너그러워지면 좋겠다. 남의 손을 타거나 빌리는 것에 스트레스를 받고 미안하다는 생각을 하지 않았으면 한다. 아이에게도 말이다. 함께 키운다고 생각하고, 아이에게는 다양성을 배울 수 있는 기회라고 생각하면 좋다. '나는 나쁜 엄마인가 봐'라는 죄책감을 갖지 않았으면 좋겠다.

　　(시간이 부족한 데서 오는 스트레스는 어떻게 관리했나?) 육아를 하는 여자들은 보통 '내 시간이 없다'는 것에 스트레스를 받는다. 그래서 오히려 그런 부분을 칼같이 지키기 위해 나만의 방식을 만들었다. '열 명의 영감님'이라고 부르는데, 한 달에 영감inspiration을 받을 수 있는 계기 열 가지 정도를 만들기 위해 노력한다. 영화, 책, 노래, 전시, 그림 같은 것들이다. 이를 모두 기록해 두면 한 해 동안 100개 정도를 모을 수 있다. 매년 12월 31일에 한 해를 돌아보면 나쁘지 않게 살아 왔다는 생각이 든다. 나름대로 '내가 나를 챙겼다'고 느낄 수 있다.

최현진 통역사로 일하면서 굉장히 바쁘게 살아왔다. 5분이나 10분 단위로 시간을 쪼개서 사용하는 것이 습관이 됐다. 통역사는 하나의 일이 끝난 다음 쉴 수 있는 직업이 아니다. 다음 회의를 준비하기 위해 그 회의 시간의 두 배, 세 배 공부해야 한다. 그런데 이제 육아까지 해야 하니 원래 스케줄보다 앞뒤로 챙겨야 하는 것이 늘었다. 출근 전 수유를 하고, 퇴근 후 놀아 주고 씻기고 재우고 나서야 공부를 할 수 있다. 시간을 더 효율적으로 사용해야 하기 때문에 루틴routine을 만들었다. 직업 특성상 일정이 불규칙하지만, 그 안에서 규칙을 만든 후 우선순위대로 시간을 사용하려고 한다. 그래서 메모를 굉장히 많이 하는 편이다. 달력에 손으로 기록하기도 하고 핸드폰 애플리케이션과 함께 더블 체크한다.

아이를 키우면서 달라진 점 ; 성장을 기다리는 인내심

최유나 나는 이혼 사건을 하는 변호사다 보니, 아이와 관련된 사건에 감정 이입하는 정도가 달라졌다. 양육권 싸움, 아동 학대 정황이 있는 경우, 아이들이 이혼 과정에서 받는 상처 등을 다룰 때 예전에는 보이지 않았던 것들이 보여서 도움이 많이 된다. 또한 인내심이 길러지고, 다른 사람을 포용할 수 있게 된다. 아이는 타협이 되지 않는 존재다. 좋게 이야기하고, 교육을 잘하고, 사랑을 주면 잘 클 거라고 생각했지만 너무 달랐다. 잘못한 것도 없는데 나한테 화를 내고, 분명히 말했는데 못 알아듣고, 참고 좋게 이야기했는데 안 좋은 반응을 보이곤 한다. 사실 사회생활에도 이와 비슷한 부분이 있지 않나. 아이를 이해하려고 노력하다 보니, 사람에 대해 생각을 정말 많이 하게 됐다. 아이를 낳고 나서는 누군가 내게 싫은 소리를 해도 상대방의 입장을 생각해 보게 된다.

원혜성 시야가 넓어졌다. 이전에도 뷰티 업계에서 일했는데 그때는 '제품을 사용해서 예뻐지면 그만'이라는 생각이 강했다. 그런데 아이를 낳고 키우다 보니 다음 세대를 위한 더 건강한 제품, 더 좋은 환경, 더 좋은 생활을 염두에 두게 되었다. 그리고 오히려 아이가 태어난 후에 일에서 더 큰 보람을 느끼기 시작했다. 일을 통해 자아를 실현하는 것 같다.

강윤정 아이를 키우면서 커뮤니케이션 면에서 더 성장했다. 사람 사이에 생긴 문제를 해결하거나, 무언가를 권하고 싶을 때 설득하고 경청하고 공감하는 능력이 향상된 것 같다. 아이에게 다양한 주제의 책을 읽게 하고 싶은데 좋아하는 책만 읽을 때 어떻게 말해서 행동을 유도할 수 있을지 고민한다. 이런 소통 방법은 비즈니스를 하면서 클라이언트를 만날 때도 쓰일 수 있다. 육아가 일하는 데 부정적이라고 생각하지 않는다. 오히려 일과 가정에 두루 쓰이는, 인간으로서의 스킬이 많이 늘게 된다. 더불어 부모와 회사 대표라는 리더십에 서로 시너지가 생기는 느낌이 든다. 아이가 사춘기에 들어서니까 더 고도화된 기술이 생겼다.

최현진 예전에는 일 욕심이 굉장히 많았다. 이런 태도가 항상 좋은 것은 아니었다. 어느 정도 잘했는데도 부족하다고 느꼈다. 그러나 아이를 키우게 된 후에는 적당한 선에서 긍정적으로 노력할 수 있게 되었다. 나를 바라보고 앞으로 커 나갈 아기가 있으니 그렇게 되더라. 세상을 보는 시야도 넓어졌다. 통역사로 여러 주제의 회의에 참여하면서 다양한 토픽을 접하고, 여러 사람들을 만날 때 주제를 보는 시각이 바뀌었다는 것을 느낀다. 예전에는 내가 좋아하는 토픽만 눈여겨봤다면, 이제는 아이를 키우는 입장에서 주제를 본다. 2020 아카데미 시상식 생중계 통역이 그랬다. 예전 같으면 일의 퍼포먼스에만 신경을 썼을 텐데, 이제 아이에게 보여 주고 싶은 영화에도 관심이 갔다. 사람들이 수상에 관심을 기울일 때, 나는 다큐멘터리 부문을 보면서 세상의 어려운 점들을 보게 되더라. '이런 것들은 이렇게 가르쳐야겠다'거나, '아이를 위해 이런 문제는 꼭 해결해야겠다'는 생각을 하게 되었다.

엄마와 일하는 사람 사이에서 밸런스를 유지하는 법 ; 두 가지 정체성을 가진 나를 인정하라

최현진 엄마로서는 따뜻하고 다정해야 하고, 통역사로서는 냉정하고 이성적이어야 하기 때문에 굉장히 고민이 됐다. 통역사는 감정을 최대한 배제해야 하는 직업이다. 사람들이 소통에 있어서 나에게 의지하기 때문에 흔들리는 모습을 보여 주면 안 된다. 엄마라는 정체성과 통역사로서 정체성의 성격이 너무 다르기에 처음엔 혼란스러웠다. 혼란스러움 끝에 찾은 답은 굳

이 구분할 필요가 없다는 것이다. 세상을 보는 시각에 변화가 있지만, 일하는 사람으로서 실력과 능력이 떨어진 것이 아니기에 두 정체성이 공존한다. 엄마인 모습도 나고, 일하는 모습도 나다. 두 모습 다 나 자신이라고 인정하는 것이 편하다.

원혜성 시간으로 정체성을 구분하려고 한다. 아이가 유치원에 간 시간, 잠을 자는 시간, 아빠가 데리고 나가서 노는 시간에는 일에 집중하고 그 외의 시간에는 아이에게 집중한다. 그런데 모든 창업자나 대표가 그렇듯이 24시간 동안 일이 머리에서 떠나질 않다 보니 아이와 놀면서도 자연스럽게 일 이야기를 한다. 어떤 날에는 아이가 먼저 '요즘 립스틱 잘 팔려?'라고 묻는다. 일과 삶을 완벽하게 분리해야 일을 잘하는 것이라고 하지만, 엄마로서의 정체성과 일하는 사람으로서의 정체성에 구분을 두지 않는 것도 괜찮은 것 같다.

강윤정 나는 개인적으로 일과 삶을 분리해서 생각하지는 않는 편이다. 그래서 '워라밸'이라는 단어도 잘 사용하지 않는다. 엄마와 일하는 사람, 두 정체성을 추구하는 근본적인 목표는 하나다. 강윤정이라는 인간으로서 잘 성장하고 싶다는 것이다. 그 목표로 향하는 궤적과 결과가 스스로 만족스럽고, 행복하며, 조금이나마 세상에 기여하기를 바라고 있다.

최유나 운동이나 커피를 마시는 것, 음악을 듣는 것처럼 자기 자신에게 꼭 필요한 것들을 포기하지 않는 게 중요하다. 운동이라면 집에서 아이를 재워 놓고 20분, 30분 동안이라도 운동하는 방법이 있다. 자신을 잃지 않도록 노력하는 것은 본인의 몫이다. 일과 육아를 병행하기가 힘든 것은 사실이지만 자기 자신을 돌봐야 한다. 결혼 전에 하던 것이 열 가지라면 아홉 가지는 포기해도 한 가지는 포기하지 않았으면 좋겠다. 아이를 나보다 무조건 우선시하는 것이 아이에게도 그리 좋은 일만은 아니라는 생각을 한다.

아이에게 이런 사람이 되고 싶다 ; 엄마이기 이전에 사람

강윤정 팀으로 묘사하면 엄마를 리더가 아닌 팀원으로 생각해 줬으면 좋겠다. 물론 부모는 자녀에게 영향을 끼친다. 하지만 한쪽에 기대고 의지하기보다 각자 독립적인 주체로 소통하고, 팀원이나 친구처럼 당면한 문제들을 함께 푸는 관계가 더 성장 가능성이 높다. 하고 싶은 이야기가 있으면 솔직하게 하고, 치열하게 토론할 수 있어야 한다. 엄마인 나한테 정답을 바라기보다 둘이 편하게 수다를 떨다 보면 좋은 해결책이 나올 것이라고 생각했으면 좋겠다.

무엇보다 엄마는 하고 싶은 것을 놓치지 않은 사람이라고 기억하면 좋겠다. 아이가 초등학교 5학년 때 나는 서평에

푹 빠져 있었다. 파도를 더 잘 타고 싶다는 마음에 남편과 아이에게 동의를 얻은 후 혼자 열흘 정도 발리로 서핑 캠프를 다녀왔다. 이 이야기를 들은 주변 사람들의 첫마디는 "애는?"이었다. 아이의 친구 엄마는 이 사실을 알고 어이없다는 반응을 보였다고 한다. 그래서 아이가 나에게 "엄마가 캠프 간 게 잘못된 거야?"라고 물어 왔다. 그때 "엄마는 네가 나중에 결혼해서 아이가 있든 없든, 하고 싶은 게 생기면 스스로 그걸 실현할 수 있는 상황을 만들고 도전했으면 좋겠고, 그 결정을 지지하는 남편을 만났으면 좋겠다"고 말해 주었다. 아이는 가족이 어떤 행동과 의사 결정을 하는지를 무의식적으로 받아들인다. 그래서 항상 지혜롭게 의사 결정하고 스스로 책임지는 모습을 보여 주려 한다.

최현진 나는 엄한 부모님 밑에서 자랐기 때문에 그 반대가 되고 싶다. 평소에는 따뜻하고 다정한 엄마로 충분한 사랑을 주고 싶다. 하지만 통역사로 일할 때는 냉철하고 멋있게 일을 해내는 엄마가 되고자 한다. 일에서는 아이가 자랑스러워할 수 있는 엄마의 모습을 보여 주고 싶다.

최유나 엄마는 자기가 가진 능력을 최선을 다해서 발휘하는 사람이라고 생각했으면 좋겠다. 일뿐만 아니라 아이에게 사랑을 주는 것도 능력인데, 내 안에 있는 사랑은 다 주고 싶어서다. 갖고 있는 것 안에서 최선을 다하고 싶다. 아이가 그걸 느낀다면 감사하겠지만 다 알 것이라고는 생각하지 않는다.

원혜성 가끔은 딸이 엄마의 부재를 느낄까 봐 걱정한다. 하지만 오히려 열심히 일하는 엄마를 보면서 사회가 정해 놓은 제약에 굴복하지 않고 본인이 하고 싶은 것을 이루기 위해 적극적으로 살아가는 법을 배우길 바란다. 수동적으로 살지 않고 늘 도전하는 엄마를 보며 단단해지길 바라는 마음이다.

당연한 것을 당연하게 만드는 일

최유나 아이를 키우다 보면 어쩔 수 없는 상황이 생길 때가 있다. 가령 코로나바이러스 때문에 갑자기 어린이집이 휴업을 하면, 맡길 사람이 없어서 아이를 회사에 데리고 가야 할 수 있다. 나도 아이를 데리고 법원에 간 적이 있다. 아무리 주변에서 도움을 받아도 그런 일이 발생하곤 한다. 아이를 데려가면서 만약 판사가 법정에서 데리고 나가라고 하거나, 눈치를 주면 한마디 해야겠다는 생각을 했다. 스스로 자연스럽고 당연한 일이라고 인식해야 한다.

아이는 내가 무조건 책임져야 하는 존재다. 물론 일도 전적으로 내 책임이지만, 그래도 대체할 사람이 있다. 하지만 어린아이에게 엄마는 전부나 마찬가지고, 갑자기 무슨 일이 생겼다고 해서 전혀 모르던 사람을 구해서 맡기면 평생의 트라우마가 생길 수도 있다. 아이를 키우며 일하는 분들도 이 점을 스스로 알고, 다른 사람을 설득할 수 있어야 한다. 사회적으로도 아이를 용인해 주는 분위기나 제도가 필요하다고 생각한다. 특히 세 살 이하의 아이들은 부모와 떨어질 수 없고, 통제가 불가능하기 때문에 보호받아야 한다. 이런 연령대의 아이를 키우는 부모에 대해서는 인식과 지원이 훨씬 개선되어야 한다.

원혜성 사회 제도도 당연히 필요하지만, 인식이 먼저 바뀌어야 한다고 생각한다. 특히 여성들의 인식을 바꾸는 게 중요하다. 보통 워킹 맘이라고 하면 여성분들이 '애는 누가 봐요?' 혹은 '살림은 누가 해요?'라고 질문한다. 하지만 남성이 일을 한다고 하면 '애는 누가 보냐?'고 묻지 않는다. 육아와 가사는 여성들의 몫이라는 생각이 여전히 만연한 것 같다. 가사나 육아도 남편에게 도움을 받는 것이 아니라 마땅히 나눠서 하는 것이라고 생각하면 좋겠다. 여성들이 더 당당해질 필요가 있다.

강윤정 결혼과 육아 관련 독서 모임인 '부부사기단'을 운영하면서 지금은 가치관의 격동기임을 느낀다. 현재 세대는 기존의 한계를 뛰어넘기 위해 노력하고, 기성세대도 지금 세대에 적응하는 중이다. 최소 5년에서 10년 안에 이런 문제들이 정리될 것이라고 생각한다. 그때는 혼자 사는 사람도 많아지고, 아이는 많이 안 낳고, 노년 인구는 많아지고, 결혼과 육아에 대한 가치관의 변화가 있을 것이다. 이런 변화를 받쳐 주는 사회적인 제도나 시스템이 더욱 중요해질 것이다. 개인적인 영역에서는 오히려 더 가볍게 생각했으면 좋겠다. 모든 것을 너무 완벽하게 잘하려고 욕심내는 게 문제다. 예전에 선배가 '그냥 다 2등 한다고 생각하면 된다'는 이야기를 해줬는데, 아직도 인상 깊다. 모든 면에서 1등을 하겠다고 생각하면 스트레스를 받지만, 마음을 내려놓고 모든 면에서 2등을 하겠다는 마음을 가지면 더 많은 것을 볼 수 있게 된다. 조금 가볍게 생각하고 편안한 마음으로 즐기면서 육아에 임했으면 좋겠다.

최현진 육아에 대한 책임이 엄마에게 있다는 개념부터 바뀌어야 한다. 한국에서 임신과 출산에 대한 정보를 찾아보면 주로 엄마가 어떻게 해야 하는지에 대한 내용이 나온다. 아빠 이야기는 거의 찾아보기 힘들다. 엄마 입장에서는 아빠가 육아에 참여하지 않는다는 부담이 생기고, 아빠 입장에서는 육아에 참여할 수 없다는 소외를 느낀다. 엄마, 아빠, 조부모님을 포함해서 가족 구성원 다 같이 육아에 참여한다는 분위기가 형성되어야 한다. 한편으로는 국가의 지원이 더 실용적이어야 한다. 육아는 집안에서 모두 해결할 수 있는 문제가 아니다. 여성이 일터로 돌아가기 위해서는 국가 차원에서 신뢰할 만한 시스템이 준비되어야 한다.

세계 경제 포럼WEF의 '2020년 세계 성 격차' 조사에 따르면 클라우드 컴퓨팅, 공학, 인공지능 등 유망 산업에서 여성이 차지하는 비중은 각각 12퍼센트, 15퍼센트, 26퍼센트에 그쳤다.[1] 우리나라도 예외는 아니다. 2019년 과학기술정보통신부가 발표한 조사 결과, 과학 기술 분야 연구·개발 인력의 여성 고용 비율은 2017년에야 20퍼센트대에 진입했다. 여성 관리자의 비율은 2018년에 10퍼센트를 기록했다.[2]

남성의 비중이 높은 분야는 여성이 진입하기도 어렵지만, 일을 계속해 나가고 성장하기도 쉽지 않다. 2017년 이공계 산업군의 여성 신입 사원 비율은 26.8퍼센트였지만, 승진 비율은 16퍼센트, 보직 비율은 9.6퍼센트에 불과했다.[3]

'남성들의 리그'로 불리는 업계에서 커리어를 쌓아 가고 있는 여성 리더 다섯 명을 만났다. 게임 엔진을 개발하는 글로벌 기업 유니티 테크놀로지스 코리아의 김인숙 대표, 자동차 애프터 마켓 O2OOnline to Offline 플랫폼 카닥의 박예리 COO, 상업용 부동산 개발 17년 경력의 신지혜 STS개발 상무, 미국과 한국, 중국을 오가며 블록체인 기업의 성장을 돕는 글로벌 블록체인 펀드 GBIC의 이신혜 파트너, 구글 본사에서 검색 부문 제품을 담당하고 있는 이해민 프로덕트 매니저에게 원하는 일을 발견하고 해내는 힘, 남성들과 함께 일하고 성장하는 법을 물었다.

김인숙 유니티 테크놀로지스 코리아 CEO

게임 서비스 및 마케팅 분야의 전문가로, 2001년 NHN 한게임에서 커리어를 시작했다. 이후 EA 코리아에서 총괄 상무직을 맡아 '피파 온라인'을 론칭했고 2015년 11월 유니티 코리아의 한국 지사장으로 선임됐다. 유니티는 전 세계 17개국에 45개 오피스를 보유한 게임 엔진 회사다. 현재 전 세계 모바일 게임의 50퍼센트가 유니티의 엔진을 기반으로 만들어지고 있다.

박예리 카닥 COO

카닥은 자동차 애프터 마켓 O2O 플랫폼으로, 2014년 자동차 외장 수리 중개 서비스를 시작으로 정비, 세차, 부품, 주유소 등 다양한 분야로 확장하며 온오프라인 연계 서비스를 구축하고 있다. 박예리 COO는 한국타이어 경영기획본부의 전략, 재무 파트에서 8년간 일하고 2016년 1월 카닥에 합류했다. 투자, IR, 경영 기획 부문을 중심으로 운영 전반을 디렉팅하고 있다.

신지혜 STS개발 상무

서울시정개발연구원을 거쳐 2003년부터 상업용 부동산 개발업 분야에서 일하고 있다. 마트, 아울렛 같은 대형 상업 시설이나 복합 쇼핑 시설, 스타벅스 DT, 물류센터 등 수요자가 원

하는 시설을 맞춤 건설 방식(BTS, Build To Suit)으로 개발하는
일을 하고 있다.

이신혜 GBIC 파트너

뉴욕, 상하이, 서울을 거점으로 활동하는 크립토 펀드(Crypto
Fund, 블록체인·암호 화폐 전문 투자 회사) GBIC에서 블록체인
생태계를 키우는 일을 하면서, 국민대 소프트웨어 융합과에서
겸임 교수로 강단에 서고 있다. 대학 졸업 후 맥킨지 코리아를
거쳐 스탠퍼드 MBA를 위해 미국으로 넘어갔다. MBA 졸업 후
샌프란시스코에 있는 핀테크 스타트업에서 일했다. 2018년
GBIC 파트너들과 블록체인 전문 컨설팅 기업 Block72를 공동
창업했다.

이해민 구글코리아 프로덕트 매니저

구글 코리아의 첫 번째 프로덕트 매니저로 입사해 13년 이상
구글에서 일하고 있다. 현재 구글 본사에서 검색 부문 제품을
담당하면서 여성 개발자 양성을 적극 지원하고 있다.

커리어의 시작 ; 세팅된 룰에 맞추지 말고, 새로운 룰을 만들어라

이신혜 커리어를 시작하면서 여자라는 이유로 고민한 적은 없

다. 오히려 내가 가진 장점과 스킬이 이 업계와 맞는지, 내가 정말 하고 싶은 일인지를 훨씬 중요하게 생각했다. 내가 합류할 당시 블록체인이나 핀테크는 비교적 새로운 산업군이었기 때문에 주로 어떤 사람들이 일을 하고 몇 년의 경력이 쌓여야 어떤 직급에 오를 수 있다는 식의 룰이 세팅되기 전이었다. 남들이 세팅한 룰에 맞추기보다 내가 새로운 룰을 만들어 가면 된다는 생각으로 뛰어들었다. 벤처 캐피털 회사 입사 계약서에 서명까지 한 상태에서 블록체인 업계로 발을 돌린 이유다.

이해민 수학을 좋아해서 이과를 선택했다. 학부와 석사 과정을 지나며 내가 이 길로 쭉 가려면 나 혼자 여자인 경우가 많겠구나 뒤늦게 깨달았다. 석사 과정 당시 기업 산학 장학금 면접을 보러 갔을 때는 면접 대상자 300명 중 나 혼자 여자였다. 남자 면접자들에게는 일과 역량에 관한 질문을 했지만 나에게는 야근이 가능한지, 지방 근무가 가능한지 등 주변적인 질문만 했다. 하지만 그런 경험과 깨달음이 발목을 잡기엔 이 분야에서 나를 발전시키고 싶다는 욕심이 몇백 배는 컸다. 조금 늦게 전공에 대한 재미를 발견했던 터라 이 재미를 계속 발견하고 싶었다. 나머지 걱정은 부차적인 것이라 생각했다.

박예리 이 일이 남자들의 일이라는 가정 자체를 해보지 않았다. 다만 내가 어떤 일을 하고 싶은가를 생각했다. 글로벌한 생산 기지가 있는 제조업 분야에서 일을 하고 싶다는 목표가 있었다. 생산부터 유통, 판매, 마케팅의 모든 단계를 다루는 제조업에서 전략, 기획 업무를 하고 싶었고, 글로벌한 환경에서 소비재 판매 파트를 갖고 있는 회사에 지원하고 싶었다. 어렸을 때부터 자동차나 기계 장치류를 좋아해서 관련된 일을 하고 싶기도 했다. 일을 하면서는 여성이 많지 않은 곳에 일부러라도 더 가야겠다고 생각했다. 남성과 여성의 특성과 강점이 조금은 다르기 때문에 남녀가 함께 일하는 것이 더 좋다고 생각한다. 어느 쪽으로든 쏠림 현상이 있으면 그 조직은 발전하기 어렵다.

김인숙 식품 제조 분야 대기업에서 마케팅 일을 하다가 우연한 기회에 게임 업체와 협업을 하게 됐다. 당시 일하고 있던 분야는 전반적으로 보수적이고 여성이 현저히 적었는데, 협업하면서 게임업계의 수평적인 문화, 자유로운 방식에 매료됐다. 이후 게임업계의 이직 제안을 받았고 자연스레 발을 들이게 됐다. 그 당시의 게임업계는 남성이 중심이라는 느낌이 크게 들지 않았다. 작은 회사부터 중견 기업들까지 여성 대표님들을 꽤 많이 만났다. NHN 한게임의 직원의 40퍼센트가량이 여성이기도 했다. 인터넷 붐이 일던 시기였기 때문에 젊은 감각의 뛰어난 인재들이 인터넷 기반 산업에 많이 뛰어들고 있었다. 지금으로 치면 스타트업 같은 분위기였다. 지금은 게임업계에서 여성을 찾기가 정말 힘들지만, 초반에는 그런 인상을 느낄 수 없었다.

신지혜 환경대학원 도시계획과에서 대형 할인점과 지역, 공간의 관계에 대해 논문을 쓰고 서울시정개발연구원에서 지역 마케팅에 관한 프로젝트를 진행하면서 나는 이런 일을 재미있어 하는구나 확신했다. 이후 선배가 창업한 회사에서 압구정동 개발 사업을 하게 됐고, 이후 지금의 회사에 오게 됐다. 돌아보면 원하는 일을 향해 달렸다기보다는, 업계에 있으면서 필요에 의해 움직이다 보니 이 일이 잘 맞았던 케이스였다.

커리어 지속하기 ; 모델이 없다면, 스스로 만들어라

이해민 회식에 빠지거나 담배 모임에 낄 수 없어서 다른 사람들에 비해 네트워킹을 하고 업무 속내를 알아내기 어렵다면, 그리고 그게 내 커리어에 지장이 될 수 있다면 내가 필요한 모델을 스스로 만들면 된다고 생각했다. 예컨대 아이 때문에 칼같이 퇴근을 해도, 회식에 매번 빠져도 자기 일은 철저히 잘하는 사람, 가정을 위해 과감하게 1년 육아 휴직을 하고 복귀 후 빠른 속도로 공백을 채워 내는 사람 등 회사에서 처음 보는 모델을 만들어 내려고 했다. 다른 사람들이 '나도 저렇게 해볼까', '나도 저렇게 살 수 있겠구나' 생각해 볼 수 있도록 해주고 싶었다. 그렇게 만들고 개선한 문화가 회사에도 도움이 되는 선순환을 추구했다.

신지혜 이전 직장에서 민원 전화를 받으면 대뜸 반말로 담당자를 바꾸라고 하는 사람들이 있었다. 내가 담당자라고 거듭 설명하면 남자를 바꾸라고 하더라. 결정을 하는 지위에 있는 사람은 남자라는 인식이 당연하게 받아들여지던 시절이었다. 부지를 확보하는 단계에서는 험하고 거친 분들을 만나 커뮤니케이션을 해야 했다. 내가 잘하는 부분에서 먼저 성과를 만들고 그걸로 인정을 받아야겠다고 생각했다. 골프나 술로 맺는 거래는 하려고 하지 않았다. 내가 할 수 있는 부분에서 노력하기로 했다. 좋은 물건, 그들이 원하는 물건을 잘 만들어 내니 직접 나서지 않아도 좋은 프로젝트가 들어오기 시작했다. 일에서 성과를 보여 주면 여자라고 경시하는 시선에서 조금씩 자유로워지더라.

김인숙 커리어에 영향을 주지 않기 위해 일과 가정 사이에서 균형을 잘 잡으려고 정말 많이 애썼다. 쌍둥이를 낳고 기르면서 육아 휴직을 하지 않고 일을 병행했다. 냉정하게 느껴질 수 있지만 내게는 가정만큼이나 일이 중요했다. 주중에는 일에 조금 더 포커스를 두었고, 주말은 철저히 가정을 위해 시간과 에너지를 썼다. 일과 가정 두 가지를 모두 완벽하게 해낼 수 없다는 것을 인정하고 내가 선택한 길과 방법에 최선을 다했다.

박예리 업무에 있어서 선을 긋지 않으려고 했다. 일을 하면서 보니 여성들은 자신의 역할이나 영역에 집중하고 그 안에서 좋은 성과를 내려는 경향이 있고, 반면 남성들은 경계에 신경을 덜 쓰는 것 같았다. 그런 선을 긋지 않고 하고 싶은 일에 맘껏 도전했다. 그러나 업무 이외의 것이라면 단호하게 선을 그었다. 외모를 지적한다거나, 어린 여성이라고 직위가 높지 않을 것이고 일에 대해 잘 모를 것이라 생각하는 등 업무 이외의 것들에 대해 선을 넘는 행동을 했을 때는 정확하게 이야기했다. 단, 상대방에게 수치심을 주거나 체면이 상하지 않도록 그가 받아들일 수 있는 정도로 유머러스하게 이야기하려고 했다.

이신혜 남성들에게 인정받고 남성들과 경쟁하기 위해 특별히 노력한 건 아니다. 스스로 여성이라고 정의해서 내가 여성이기 때문에 어떤 노력을 더 해야 할지는 고민하지 않았다. 그렇게 할수록 여성은 어떻게 일해야 한다는 인식이 강해질 것이라 생각했다. 물론 개인 차원에서 그렇게 다짐하고 노력해도 사회적인 장벽을 만날 때가 있다. 그럴 땐 단순하게 정말 일을 잘하려고 했다. 일을 잘한다는 건 내가 해야 하는 업무를 정해진 시간 안에 정확히 해내는 거다. 그게 반복되면 신뢰가 쌓인다. 주변 사람들과 즐겁게 일하고 성과를 꾸준히 보여 주면서 함께 일하기 좋은 사람, 일을 잘하는 사람으로서의 태도를 갖추려고 노력했다.

함께, 경쟁하며 일하기 ; 갈등을 피하지 말라

김인숙 의견을 주고받으며 토론을 하거나 협상을 해야 하는 자리에서 갈등을 피하지 않았다. 서로 다른 의견을 조정해 가는 과정에서 자신의 의견을 피력하다 보면 큰 소리가 날 수 있는데, 그런 분위기를 피해 버리거나 감정적으로 반응하지 않으려고 했다. 의견을 주고받는 자리는 일에 대한 열정과 의지를 보일 수 있는 기회라고 생각한다. 나의 이미지를 생각하느라 내가 해야 할 일에 대한 에너지와 노력을 제대로 보여 주지 못하는 일이 없도록 '싸움닭'처럼 보이기를 두려워하지 않았다.

박예리 일을 할 때는 동료가 남성인지, 여성인지 딱히 신경 쓰지 않는다. 내가 나로 최선을 다할 때 최고의 결과를 얻게 된다. 다만 내가 여성 리더로서 어떤 커뮤니케이션을 해야 하는

지에 대해서는 고민이 많다. 믿고 의지할 수 있는 리더로서 멤버들에게 신뢰를 주는 커뮤니케이션을 하려고 노력을 많이 한다. 회사가 목표하는 방향을 벗어나지 않는다면 하고 싶은 일은 얼마든지 도전해 보라고 말하고, 내가 할 수 있는 한 모든 것을 다 지원해 주려고 한다. 내가 주니어 때 그렇게 의지하고 기댈 수 있는 여성 리더가 많지 않았던 것이 아쉬웠다. 회사를 리딩하는 리더, 일하면서 기댈 수 있는 리더는 남성일 거라고 생각하는 편견이 나를 포함한 많은 사람들에게 있는데, 그런 것들을 깨고 싶다.

신지혜 내가 잘할 수 있는 부분을 찾아 그것에 집중했다. 소위 남성들이 관계 맺는 방식을 따라 하려고 하거나 일하는 방식을 바꾸려고 애쓰지 않았다. 그들이 잘하는 것은 그들에게 맡기고, 나는 내가 할 수 있는 것에 최선을 다했다. 커뮤니케이션을 할 때는 분명하고 직설적으로 말하곤 한다. 집에서도 남자 형제들과 자랐고, 학창 시절부터 남초 환경에 있으면서 자연스레 터득한 것 같다. 일에 관련된 커뮤니케이션에서도, 관계를 형성하는 대화에서도 확실하고 분명하게 이야기하려고 노력한다.

이신혜 나를 여성이라는 틀에 가두지 않으려고 했고, 동시에 상대방도 남성이라는 틀에 가두지 않으려고 한다. 남녀 성별에 따른 특성의 차이도 있겠지만, 가장 큰 건 개인의 차이다. 상대의 인간적인 특성을 이해하고 니즈를 파악하는 것이 함께 일하고 커뮤니케이션하는 데 매우 중요하다.

이해민 성별이 다름을 그다지 인지하지 않는 편이다. 일할 때는 일에만 집중한다. 기본적으로 맡은 일을 책임감 있게 잘하고 리더십을 발휘하려고 한다. 내가 컨트롤하기 어렵고 복잡한 상황일수록 심플한 답을 손에 쥐고 있어야 한다. 일을 잘한다는 건 단순하지만 아주 묵직한 힘이다.

변화의 지속과 확장을 위해 ; 야망을 마음껏 드러내라
박예리 여성들이 야망을 드러내면 좋겠다. 그걸 아주 세게 말하는 사람들이 많아지면 좋겠다. 그래도 괜찮다. 아무도 이상하다고 생각하지 않는다. 성실하게 열심히 일하는 여성은 많지만, 야망을 말하고 요구하는 여성은 드물다. 내가 한국타이어에서 신입 사원이 가기 어려웠던 전략기획본부에 배치받은 것도, 카닥에서 C레벨을 달게 된 것도 야망을 드러내고 말을 했기 때문이다. 물론 그 말에 책임지는 성과를 만드는 노력도 당연히 따라야 한다. 그리고 내 생각보다 나는 훨씬 멋지고 일을 잘 해낼 수 있는 괜찮은 사람이라는 확신을 가지면 좋겠다.

스스로에 대한 지지가 필요하다.

김인숙 롤모델이 많이 생겨야 한다. 주니어 레벨에 있는 친구들이 시니어로 잘 성장하도록 기회를 만들어 주고 포기하지 않도록 북돋워 주는 것이 내 역할이라고 생각한다. 나는 회사 안에서 젊은 여성 직원들에게 내 자리를 탐내라고 자주 이야기한다. '나는 안 될 거야'라고 쉽게 생각하는데, 왜 안 된다고 생각하는지 잘 고민해 봐야 한다. 이유를 잘 따져 보면, 스스로 보완하고 채워갈 수 있는 것들이 훨씬 많다. 출산과 육아도 너무 고민하지 말라고 이야기하곤 한다. 좋은 참고가 될 만한 사람들이 주변에 많아지면서 긍정적인 분위기가 형성된다면 파급력은 어마어마할 거라 생각한다.

신지혜 우리 같은 선배들이 겪은 시행착오에 대해 멘토링을 해주는 것이 중요하다. 일을 오래 해오면서 고민이 있거나 어려움이 있을 때 나에게 조언을 해줄 누군가가 있었다면 그렇게 오래 헤매지 않았을 텐데 하는 아쉬움이 늘 남는다. 일하면서 만나는 문제들에 대해 더 생산적으로 고민하고 답을 내릴 수 있도록 도와야 한다. 그리고 개인이 잘하는 부분을 함께 발견해 주고 그 역량을 잘 발휘할 수 있도록 가이드를 줄 수 있어야 한다.

이해민 일단 숫자가 늘어야 한다. 여성 개발자의 자질에 대한 의문도 있는데 그 문제를 논하기엔 아직도 규모 자체가 너무 작다. 숫자를 늘리기 위해 학부모나 대학생 대상 강연도 열심히 했고, 이 분야에 관심 있는 학생들이 쉽게 컴퓨터를 접할 수 있는 기회도 마련하고, 여학생들을 위한 소프트웨어 캠프도 지원해 왔다. 기회가 있을 때마다 지금 업계에 몸을 담고 있는 개개인이 멘토가 되어 적어도 다섯 명 정도의 멘티를 돕는 방법을 제안한다. 어느 정도의 책임감과 유대감을 만들고 양적인 팽창을 도모할 수 있는 방법이라고 생각했다. 내가 멘토가 되고자 하면 생각하는 자세와 범위가 달라질 수밖에 없다. 이 길에 들어서고 싶은 사람들에게 성공한 여성의 모습이 다양할 수 있다는 것을 보여 주어야 한다.

이신혜 성별이 아닌 성과를 중요하게 여기는 조직 문화가 필요하다. 개인이 여성이라는 것, 남성이라는 것보다 조직과 업무에 얼마나 기여할 수 있는가가 더 중요해져야 한다. 최근 스타트업을 비롯한 젊은 기업들 안에서 변화의 움직임이 느껴진다. 여성이 원하는 분야에서 원하는 만큼 일할 수 있는 분위기가 조성되고 있는 것 같다. 여성들은 자신의 가치를 정확하게 어필하고 필요한 것을 확실하게 요구해야 한다. 말하지 않아도 알 거라고 생각하는 건 오산이다. 여성은 참아야 미덕이라고 생각하는 편견을 깨고 목소리를 내야 한다. 물론 예의 바르고 합리적으로 말이다.

변화를 꿈꾸는 여성들에게 ; 왜 안 돼? 무엇이든 할 수 있어

김인숙 스스로 여성이라는 프레임에 갇혀서 자신의 역량을 가두지 않았으면 좋겠다. 내가 하고 싶은 일이라면 내가 길을 찾고 만들어 가려는 능동적인 마음을 가지는 게 중요하다. 여성이라는 것뿐 아니라 본인을 가두는 프레임을 함부로 만들지 않았으면 좋겠다. 왜 안 돼? 무엇이든 할 수 있다.

박예리 다행히 조금씩, 꾸준히 변화하고 있다. 채용 과정에서 성별로 차별하지 않으려는 노력들이 보인다. 여성 임원의 수도 늘고 있고, 여성의 진출 분야도 다양해지고 있다. 더 많이 오셔서 함께 변화를 이뤄 냈으면 좋겠다. 그리고 스스로에 대한 믿음과 확신을 가지고 구체적인 야망을 가지면 좋겠다. 스스로의 가치와 목표를 구체적으로 그려 보고, 야망을 마음껏 드러내시라.

이신혜 소수라고 인식하면 소극적으로 행동하게 되기 쉽다. 자신이 원하는 것, 좋아하는 것을 찾아 주도적으로 나서고 기회를 찾아라. 관심이 있는 일이라면 롤모델이 없다, 어떻게 해야 할지 모르겠다고 멈춰 있기보다 적극적으로 사람을 찾고 만나기를 권하고 싶다.

신지혜 남성들이 할 수 있는 걸 내가 다 잘해야 하는 건 아니다. 내가 잘할 수 있는 일, 내가 두각을 나타낼 수 있는 일을 빨리 찾아서 결과를 보여 주면 자리를 잡고 인정받을 수 있을 것이다.

이해민 내가 하고 있는 일에 자부심을 가지고 열정적으로 일하되 너무 걱정하지 말고 할 수 있다는 자세로 살아가면 좋겠다. 열린 마음과 넓은 시야로 살자. 혼자가 아니다.

한국여성정책연구원이 2015년 남녀 임금 근로자 1200명을 대상으로 실시한 조사에 따르면, '내 일과 관련된 중요한 사람들을 많이 알고 있고 잘 연결되어 있다'는 항목에 남성은 54.4퍼센트가, 여성은 40.3퍼센트만이 그렇다고 응답했다. 남성들은 여성보다 네트워크로부터 얻는 자원도 많았다. 네트워크 범위와 크기가 넓고, 다양한 사람들과 연결되며, 네트워크를 잘 활용하고 있었다.[4]

남성 중심적인 기업 문화 속에서 여성들이 네트워크를 만들고, 활용하기는 쉽지 않다. 한국여성벤처협회의 2018년 조사 결과, 여성 CEO 61명이 사업 운영에서 가장 어려움을 느끼는 분야는 네트워킹(29.5퍼센트)이었다.[5] 남성 위주로 짜인 판에서 사업을 시작하고 지속하는 데 필요한 인적 네트워크를 쌓아 가기가 어렵다는 것이다.

네트워크를 만들고 연결된 이들과 함께 성장하고 있는 여성 리더들을 만났다. 여성 간의 연결을 통한 커리어 문제 해결 플랫폼 헤이조이스의 이나리 대표, 일하는 밀레니얼 여성들을 위한 커뮤니티 빌라선샤인을 창업하고 운영한 홍진아 전 대표, 여성 그래픽 디자이너들의 소셜 클럽 FDSC 멤버들에게 네트워킹이 필요한 이유, 효과적인 일터 안팎의 네트워킹, 네트워킹을 통해 함께 성장하는 법을 물었다.

이나리 헤이조이스 대표

여성 간의 연결을 통한 커리어 문제 해결 플랫폼 헤이조이스를 운영하고 있다. 《중앙일보》 등 여러 신문사에서 기자로 일하다 2012년 은행권청년창업재단 디캠프D.CAMP의 초대 기업가정신센터장을 맡았다. 이후 제일기획 제일이노베이션센터장을 맡아 투자 및 신사업을 총괄하다 2018년 헤이조이스를 창업했다. 여성이 원하는 일을 지속할 수 있는 방법을 만들어 가고 있다.

홍진아 전 빌라선샤인 대표

2011년부터 8년간 교육 시민 단체 사교육걱정없는세상 정책연구소, 아쇼카 한국 등에서 기획 및 홍보, 미디어 커뮤니케이션 업무를 담당했다. 여성 커리어의 지속 가능성에 의문을 느끼고 2019년 밀레니얼 여성들을 위한 커뮤니티 서비스 빌라선샤인을 창업한 뒤, 2020년까지 운영했다.

FDSC(페미니스트 디자이너 소셜 클럽)

실무 현장에 있는 다양한 경력의 여성 디자이너들이 모인 온·오프라인 커뮤니티다. 오래 활동할 수 있도록 서로 돕고, 업계의 낡은 관행을 깨기 위해 필요한 규칙을 고민하고 실천한다. 독립 디자인 스튜디오 오늘의풍경과 FDSC를 운영하고 있는 신인아 디자이너, 1인 스튜디오 데저트팜을 운영하는 양으뜸 디자이너, 기업 내 인하우스 브랜드 디자이너로 일하고 있는 김수영, 양미소, 최보리 디자이너가 인터뷰에 참여했다.

네트워크란 ; 공백을 채우는 일

양으뜸 내가 속해 있는 지형도다. 네트워킹은 지형도에서 미처 보지 못했던 곳이나 구멍이 나 있던 부분을 메꾸는 작업이다. 내 주변에 자리 잡은 사람들과만 교류하면 공감대 형성이 쉽고 편하지만, 점점 시야가 좁아진다. 게임 맵에서 내가 가보지 않은 지역은 공백 상태로 표현되는데, 그런 상태로 남게 되는 거다. 네트워킹을 통해 전혀 다른 지점에 있는 사람들을 만나면 그 공백을 채우고 밝힐 수 있다.

이나리 일과 삶에서 부딪히는 다양한 문제를 해결하기 위한 사회적 관계망이다. 네트워킹은 필요에 따라 내게 일방적으로 도움을 줄 사람을 찾는 일이 아니다. 함께하고 돕고자 하는 태도가 네트워킹으로 이어진다. 일과 삶을 대하는 태도가 곧 관계를 맺는 방식으로 연결되는 것이다.

홍진아 사람과 사람 사이의 연결이다. 네트워크에는 정보나 서로에 대한 지지가 흐른다. 그 안에서 동료를 만드는 일이 네트워킹이다. 상대방이 일을 통해 어떤 문제를 어떻게 해결해 나가고 있는지, 내가 어떤 걸 도울 수 있고 그는 나에게 어떤 도움을 줄 수 있는지 함께 고민해 가는 것이다.

연결되어야 하는 이유 ; 더 오래 일하기 위해

홍진아 산업 구조나 일하는 문화 자체가 남성 중심적으로 세 팅돼 있다고 생각한다. 어느 개인의 잘못이라기보다 오랜 시간 일의 시스템과 제도가 남성을 중심으로 짜여 온 결과다. 그렇 게 형성된 판 자체가 남성들의 네트워크가 된다. 필요한 정보 를 서로 주고받고, 더 높은 자리에 올라가기 위해 서로 끌어 주 는 거다. 반대로 여성들은 그런 네트워크가 부족하다. 커리어 의 여정이 뚜렷하게 보이지 않고, 그래서 일을 지속하기 어렵 다. 개인이 좀 더 오래, 단단하게 일하기 위해서는 함께 성장하 며 올라갈 내 옆의 동료를 확인하고, 정보도 주고받아야 한다.

양미소 일하는 사람이라면 누구에게나 네트워킹이 필요하지 만, 난관이 많은 사람이라면 더더욱 필요하다. 아직 '일하는 여성'의 수 자체가 적고 직급이 올라갈수록 훨씬 더 적어진 다. 네트워킹을 적극적으로 한다면 조직 밖에서라도 선배 또 는 동료 여성들을 만날 수 있다. 일하면서 받는 부당한 대우나 고민 등을 나누면 분명히 도움이 된다.

이나리 일하는 사람이라면 남녀를 불문하고 네트워킹은 모두에게 필요하다. 문제는 일과 관련한 전통적 네트워킹 방식이 상당 부분 중년 남성의 기호와 상식에 맞춰져 있다는 점이다. 여성은 조직 안팎에서 내 일의 미래와 전망을 보여 주는 롤모델을 만나기가 쉽지 않다. 양과 질 모두에서 어려움을 겪는 셈이다.

기울어진 운동장 ; 나를 증명하기 위한 노력

이나리 관계망을 만들어 가는 남성들의 문화에 섞이기 위해서 부단히 노력했고, 정신적, 육체적으로 정말 힘들었다. 어렸을 때부터 네트워킹이 굉장히 중요하다고 생각해서 관계망을 만드는 것에 많은 에너지와 시간을 썼다. '너희가 하는 거 나도 다 할 수 있어' 하는 오기가 섞이기도 했다. 음주, 흡연, 골프 같은 부담스럽고 힘든 것도 필요하면 다 잘하려고 했다. 하지만 돌이켜 보면 사회적 관계망을 만드는 데 그게 어마어마하게 큰 역할을 한 것 같지는 않다. 정말 귀중한 관계망은 그런 식으로 얻지 않았다.

김수영 절대적으로 여성의 수가 적을 때보다 관리자 역할에 남성이 많을 때, 그래서 기존의 구조가 공고할 때 어려움을 더 많이 느낀다. 다양성에 대한 감수성이 적용되기 힘든 환경에서 사용되는 언어 때문에 여성으로서 무력감을 많이 느꼈다.

홍진아 사회생활을 2011년부터 시작했는데, 2016년에 한 프로젝트를 진행하면서 나와 비슷한 직무에서 일하고 있는 회사 밖 친구들과 동료가 된 경험이 있다. 일터 밖의 누군가와 동료가 될 수 있다는 생각을 하지 못했는데, 그게 가능하단 걸 알게 됐다. 주저하지 않고 고민을 나누고 함께 답을 찾을 수 있는 사람들이 생긴 거다. 관점도 넓어졌고 앞으로의 나는 어떻게 될지 가능성을 함께 그려보기도 했다. 그동안 나에게 이런 인적 자원이 없었는데 알아채지 못했구나 싶었고, 더 많은 여성들이 자신감 있게 일할 수 있도록 네트워킹의 기회를 만들어 주고 싶어 창업했다.

구조를 바꾸는 법 ; 조직과 사회에 던지는 질문

이나리 구습에 젖은 네트워킹 방식이나 사내 정치를 개인의 힘으로 바꾸기는 매우 어렵다. 경영진을 비롯한 회사의 적극적인 노력이 필요하다. 시대적 요구이기도 하다. 스타트업은 물론 대기업들도 업무 효율을 높이고 경영의 투명성을 강화하기 위해 조직과 협업 방식을 크게 바꿔 가고 있다. 노션, 슬랙 등 협업 도구를 적극 활용하거나 타운홀 미팅 같은 소통의 장을 마련하는 식이다. 개인 차원에서는 자신부터라도 다른 여성 동료들에게 적극적으로 다가갈 필요가 있다. 정서적 유대감이나 업무에서의 도움은 물론, 연대가 필요한 시점에 큰 힘을 발휘하는 안전망을 만들 수 있다.

홍진아 개인의 노력만으로는 시스템을 바꾸기 어렵다. 조직 차원, 사회 차원의 질문과 고민이 더 유효하다고 생각한다. 조직 차원에서는 운영 방식이 더 투명해져야 한다. 흡연, 음주, 운동 등을 통해 업무 이야기가 오가고 그것이 일에 영향을 미치면 반드시 소외되는 사람들이 생긴다. 그러면 조직에도 부정적인 영향을 미칠 수밖에 없다. 불투명하게 의사소통하고 소수가 정보를 쥐고 있는 조직은 앞으로 경쟁력이 없어질 거다. 100퍼센트 투명한 의사소통은 없겠지만, 100퍼센트를 지향하느냐, 그렇지 않느냐의 결말은 굉장히 다를 거라 생각한다.

김수영 네트워킹 방식을 다양하게 해야 한다. '이미 이렇게 해왔기 때문에'라는 말은 다수를 통제하기 쉽지만 게으른 방법이다. 조직 내 구성원들이 다양한 네트워킹의 방식을 고민하고 미디어는 다양성에 의식적으로 눈을 돌리고 조명해야 한다. 요즘은 관리자나 리더에게 이런 능력이 있는지, 나 또한 그런 여유가 있는지 자주 돌아보려고 한다.

조직 안과 밖의 연결 ; 후견인을 만들어라

이나리 조직 안이든 밖이든 관계를 맺는 원칙은 비슷하다. 다만 조직 안에서의 관계는 훨씬 목적 중심적이고 디테일해야 한다. 주어진 일을 잘 해내는 정도를 넘어 조직 안에서 쭉 성장하고 싶다면, 조직을 더 잘 이해하고 업무에 도움을 얻기 위해 나서야 한다. 다른 부서 사람들과도 일 중심으로 적절히 교류하고, 나를 지지해 주는 후견인도 만들 필요가 있다. 좋은 기회가 있을 때 나를 추천해 주고, 어려운 상황이 와도 나를 믿고 함께해 주는 동료나 선배의 존재는 매우 소중하다. 이런 네트워킹을 부정적으로 생각하는 사람들도 있는데, 일을 하면서 나의 능력을 인정해 주는 사람들과의 교류를 통해 성장하고 결정적인 도움을 주고받는 것 자체를 나쁘게 볼 이유는 없는 것 같다.

홍진아 회사 바깥에서는 노력을 해야만 관계를 만들 수 있다. 일하는 문화가 변화하면서 조직 밖 관계의 중요성이 더 커지고 있다. 한 조직에서 오래 일을 하고 은퇴하는 것이 당연한 문화는 지나갔다. 작은 크기의 조직도 점점 늘고 있다. 회사 안에서 정보나 기회를 나누며 함께 성장할 동료를 찾는 게 어려워진다. 조직 안과 밖의 네트워킹 중 어느 하나가 더 중요하다고는 생각하지 않는다. 적절한 시너지가 날 수 있도록 어떤 쪽의 비율을 높여야 할지 나의 필요에 맞춰 살펴봐야 한다.

김수영 조직 안에서의 네트워킹은 비교적 경직돼 있다. 실력을 증명하거나 문제를 해결해야 하기 때문에 경청하고 수용하며 논리적으로 풀어내는 데에 신경을 쓴다. 매일 마주하는 구성원들과의 관계이기 때문에 더 신중히 배려하고 존중해야 한다. 조직 밖의 네트워킹은 실력보다는 상호 작용에 초점을 맞추기 때문에 더 적극적으로 나설 수 있다. 조직 안과 밖의 네트워킹은 상호 보완적이다. 안에서 받은 스트레스를 해소하거나 부족한 부분을 개발하기 위해 밖에서 활동하기도 하고, 밖에서 얻은 정보를 조직 안으로 가져와 나눌 수도 있다.

효과적인 '사람 만나기' ; 나에서 출발하는 네트워킹

신인아 '나'의 관심과 일에 중심을 둬야 한다. 무작정 많은 사람을 만나는 것도 좋다고 생각한다. 단, '네트워킹 해야지' 하면서 억지로 만나 피상적인 이야기를 나누기보다 서로의 세상을 들려주고 서로에게 배우려는 자세를 가지는 게 중요하다. 이런 종류의 네트워킹이야말로 나의 그릇을 넓히는 데 도움이 된다. 여기에는 큰 에너지가 들기 때문에 나에게 에너지가 있는지 따져 보는 것도 중요하다. 일을 하면서 그 에너지를 남겨 둘 수 있도록 관리해야 한다.

이나리 관계에는 시간이 필요하다. 지금 유명한 사람보다 앞으로 나와 함께 커갈 사람과 관계를 맺는 게 효과적이다. 좋은 관계망을 만들기 위해 기꺼이 도움을 주고 흔쾌히 배려하는 태도는 시야가 넓어야 가능하다. 나를 위한 투자라고 생각하고 시간과 정성, 에너지 쓰는 것을 아끼지 않으면 좋겠다.

홍진아 나에게 어떤 형태로든 효용을 주는 게 좋은 네트워크다. 지금 내가 관계를 통해 얻고 싶은 게 무엇인지를 먼저 묻고 그에 맞는 네트워크를 찾아야 한다. 혼자이기 때문에 얻기 어려운 정보를 얻고 싶은 건지, 기회를 얻고 싶은 건지, 나만 이런 고민을 하는지 확인하고 싶은 건지 등을 잘 생각해보고, 네트워크에서 내가 바라던 효용을 얻고 있는지도 살펴야 한다.

사람 만나기가 어려운 이들에게 ; 느슨한 관계를 만드는 법
이나리 좋은 관계망을 갖고 있는 내성적인 분들이 주변에 많다. 그런 분들은 진짜 소중한 관계에 집중하더라. 누군가에게 관심을 가지고 질문하고 경청하면서 시간을 들이는 건 내성적인 사람들도 할 수 있다. 오히려 그들이 더 잘하기도 한다. 좋은 관계망을 갖고 있는지 여부는 내가 가진 명함의 수로 결정되는 게 아니다. 누군가가 도움을 요청할 때 도와줄 수 있고, 문제 해결이 필요할 때 기꺼이 동참해 줄 수 있는 사람이 있다면 좋은 관계망을 갖고 있는 거다. 그게 몇백 명, 몇천 명이 될 필요는 없다. 물론 처음 누군가에게 만나자고 하거나, 만나서 대화를 나눌 때는 약간의 용기가 필요하다. 사람은 하나의 세계고, 새로운 세계를 만나 한 번쯤 말을 나누는 것 정도로 생각하면 부담스럽지 않게 시작할 수 있을 것이다.

홍진아 네트워킹에 대한 오해가 있는 것 같다. '네트워킹은 싫어. 일이나 열심히 할래.' 이렇게 생각하는 분들은 어쩌면 네트워크 안에서 '인싸'가 되어야 한다고 생각하는 것 같다. 그러면 피로감이 클 수밖에 없다. 네트워킹은 나 혼자서는 가질 수 없는 기회와 자원을 얻어 일을 더 편하고 안정적으로 할 수 있도록 돕는 도구다. 꼭 사람들과 관계를 맺고 밥을 먹는 과정이 필요한 건 아니다. 도움을 주고받을 수 있는 느슨한 관계를 만들어 두는 거다. 내게 필요한 자원을 만들고, 나도 누군가의 자원이 되어 주는 정도라고 생각하면 쉬워질 것이라고 생각한다.

신인아 막연히 통용되는 네트워킹의 의미를 넘어 넓게 생각하면 좋다. FDSC에서 열리는 프로그램에 대해서도 저마다의 느낌과 평가가 다르다. 사람마다 누구와 함께하는지, 어떤 환경에서 하는지 등에 따라 효과를 다르게 느낄 수 있다. 각자에게 맞는 방식을 찾아 가면 된다.

함께 성장하기 ; 신뢰와 배려가 만드는 시너지

홍진아 각자의 전문성이나 경험이 서로 도움이 될 것이라고 신뢰하는 마음이 있어야 함께 성장하는 네트워크를 만들어 갈 수 있다. 예전에는 네트워킹을 잘나가는 선배와의 연결이라고 생각했다. 그렇게 국한하면 연결될 수 있는 관계가 굉장히 적어진다. 연차와 관계없이 서로를 존중하는 마음으로 연결되려 하면 네트워크의 가능성이 더 확장된다.

이나리 네트워킹의 기본은 관심이다. 상대방을 관찰하고, 질문을 던지면서 상대에게 비어 있는 부분을 파악하면 좋다. 그리고 내가 큰 노력을 기울이지 않고도 줄 수 있는 것이 있다면 아낌없이 준다. 세상에 줄 게 없는 사람은 없다. 경험, 노하우, 정보, 관계, 심지어는 진솔한 속내도 누군가에게 양분이 될 수 있다. 일을 잘하는 것과 네트워킹을 잘하는 게 연결되는 지점이 바로 여기다. 상대방을 관찰하면서 어디가 비어 있는지를 파악하고, 그곳을 적절하게 채워 주면 함께 성장할 수밖에 없다. 서로 보완된다는 느낌이 있어야 관계가 지속된다. 그러니 내가 상대방의 성장에 도움을 주고 있는지 너무 고민하

지 않아도 된다. 분명히 서로 필요한 게 있으니까 관계가 이어
지고 있는 거다.

양미소 성장하는 방법을 함께 고민해야 한다. FDSC에서는 운
영진들이 정기적으로 모여 각자가 배운 것을 공유하며 우리
가 가고 있는 방향을 돌아보는 회의를 한다. 커뮤니티 문화에
대해 회원들과 함께 한 달에 한 번씩 모여 이야기를 나누고,
언급된 안건들은, 운영진이 다시 검토해 커뮤니티의 방침을
수정하거나 보완하는 데 활용한다.

연결이 삶에 주는 힘 ; 나의 가능성은 더 크다

홍진아 개인의 가능성을 더 크고 넓게 볼 수 있다. 개인적으로
는 자신감이 생겼다. 나를 도와주고 지지해 줄 누군가가 있다
는 생각 덕분에 내가 지금까지 해온 것 너머를 생각하는 걸
덜 두려워하게 됐다. 해보고 싶은 것도 많아져서 나에 대한 상
상이 풍부해졌다.

이나리 드롭박스 창업자 드류 휴스턴Drew Houston이 "너를 둘러
싼 다섯 명이 누군지 생각해 봐라. 그들이 지금 네가 누구인지
를 말해 준다"는 말을 했다. 네트워킹은 그 사람들의 물에 나
를 넣어 두는 거다. 어느 물에 나를 넣어 두느냐에 따라 나와

내 삶은 변할 수밖에 없다. 삶을 바라보는 시야, 관계를 만들어 가는 방식, 심지어는 인생의 행로도 달라질 수 있다. 내가 기자 때 창업, 테크 쪽 사람들을 자주 만나지 않았다면 이렇게 창업을 해서 새로운 일에 도전할 수 없었을 것 같다. 어떤 사람들 곁에 있을지를 결정하는 건 어떻게 살아갈지를 선택하는 것과 관련이 있다.

최보리 그동안 스스로를 자신감이 없는 사람, 수줍은 사람으로 규정지었다. 언젠가 멋있는 사람이 되면 멋있는 사람들에게 관심을 받을 수 있을 거라는 모호한 생각을 갖고 있었다. FDSC에서 같은 고민을 하는 여성들을 만나고, FDSC STAGE 연사가 되기도 하면서 스포트라이트를 받는 경험을 했다. 서로를 호명하고 응원해 주는 데서 오는 큰 힘을 느꼈다. 기회가 생겼을 때 도망가지 말고 해보자, 나도 다른 사람들에게 기회를 주고 응원해 주자 생각하게 됐다.

새로운 판을 만들어 가는 여성들에게 ; 고민하고, 고민을 나누자

신인아 익숙하던 기존 틀의 함정에 빠지지 않고 새로운 가능성을 상상하고 적용하는 일은 끊임없는 성찰을 요구한다. 고민하는 일을 그치지 말자. 그리고 고민들을 함께 나눌 기회가 더 많아지면 좋겠다.

이나리 좋은 네트워크를 가진다는 건 자기 자신을 잘 지키고 있다는 거다. 자기만의 방식으로 일을 하고 사람들을 소중히 여기다 보면 좋은 관계가 만들어진다. 네트워크를 위해 다른 사람들의 입맛에 맞추거나 나를 너무 바꾸려고 할 필요는 없다. 내 중심을 단단히 채우면서 다른 사람들을 배려하는 눈으로 볼 수 있다면 누구나 좋은 관계를 가질 수 있다.

홍진아 내가 잘돼야 내 옆의 여성들이 잘되고, 내 옆의 여성들이 잘돼야 내가 잘된다. 유리 천장을 깨고 어려움을 극복하는 한 사람의 여성도 중요하지만, 넓은 판을 함께 만들어 가는 것도 중요하다. 기울어진 운동장의 기울기를 줄이기 위해 여러 사람이 조금씩 발을 옮기는 게 필요한 거다. 내 옆의 여성들이 어떻게 하면 더 잘될 수 있을지 고민하면 결국은 나에게 돌아온다. 내가 오늘 하루를 잘 살아가는 것만으로도 내 옆의 여성들에게 힘이 될 거다.

주

1 _ 조예리, 〈남녀 임금 격차 해소 가장 큰 장애물, 4차 산업 진출 여성 수 부족〉, 《서울 경제》, 2019. 12. 18.

2 _ 과학기술정보통신부·WISET, 〈2017년도 여성 과학 기술 인력 활용 실태 조사 보고 서〉, 2019.

3 _ 김서현, 〈이공계 여성 보직 비율, 취업률의 절반도 안 돼〉, 《여성신문》, 2019. 6. 13.

4 _ 강민정, 〈기업 내 공식·비공식 네트워크의 성별 특성 및 효과에 관한 연구〉, 한국여성정책연구원, 2015.

5 _ 이유진, 〈여성 기업인 10명 중 6명 남성 기업인에 비해 차별 당해〉, 《여성신문》, 2018. 8. 11.

북저널리즘 인사이드   질문하고, 요구하고,
                     성장하라

젊은 여성들은 여성이라는 이유로 배우고 싶은 것, 하고 싶은 일을 포기해 본 적 없이 성장했다. 여성의 대학 진학률은 2018년 기준 73.8퍼센트로 65.9퍼센트인 남성보다 높다. 20대 후반(25~29세) 여성들의 고용률도 같은 나이대 남성보다 높다. 그러나 원하는 일을 찾아 취업한 여성들이 일터에서 마주하는 현실은 다르다. 결혼하고 육아를 시작한 뒤 일을 그만두는 여자 선배들을 여럿 보게 된다. 통계적으로도 30대 초반이 되면 여성의 고용률은 남성의 고용률에 역전된다. 30대 후반이 되면 고용률이 더 낮아지고, 40대에 다시 상승하는 'M자 곡선'을 그린다.

육아와 가사 때문에 일터를 떠난 여성들은 한 분야의 전문가나 리더로 성장하는 데 어려움을 겪는다. 경력 단절 이후 재취업한 여성 중 기간제가 아닌 상용근로자로 일하는 경우는 55퍼센트에 불과하다. 임금 역시 깎여 경력 단절 이전의 87.6퍼센트 수준으로 하락하게 된다. 이런 상황을 지켜보는 젊은 여성들은 결혼 및 출산과 커리어를 양자택일의 문제로 바라보게 된다. 일을 지속하기 위해서는 결혼이나 출산을 포기해야 한다는 생각이다. 비혼, 비출산 등이 젊은 여성들 사이에서 화두가 된 이유기도 하다.

생애 과정에서 결혼, 출산 등의 선택은 온전히 개인의 몫이다. 어떤 선택을 하든 사회적인 불이익이 없어야 한다는 의미다. 성별과 관계없이, 자녀 유무와 상관없이 커리어를 이어 나갈 수 있어야 한다. 그런 사회를 만들기 위해서는 장기적인 제도 정비도 필요하지만, 지금의 환경에서 실질적인 변화를 만드는 일도 시급하다. 이제 막 커리어의 궤도에 오른 여성들에게는 앞으로 삶에서 어떤 선택을 하든 한계 없이 성장할 수 있다는 확신이 필요하다. 먼저 시도하고, 다른 길을 만들어 본 여성들의 이야기가 더 많아져야 하는 이유다.

이 책에 실린 여성 리더들의 이야기는 하나의 정답을 제시하지 않는다. 대신 기존 규칙에 질문을 던지고, 원하는 것을 요구하고, 스스로의 한계를 규정짓지 않는 법을 말한다. 성별과 생애 선택에 관계없이 원하는 만큼, 노력한 만큼 성장할 수 있는 사회를 만드는 시작점이다. "왜 안 돼? 무엇이든 할 수 있다"는, 그런 사회를 만들어야 한다는 메시지다.

소희준 에디터